AI 디지털 국가전략

한국경제 어디로 가야하나: IT정책가의 꿈과 희망

AI 디지털 국가전략

한국경제 어디로 가야하나 : IT정책가의 꿈과 희망

강 성 주 지음

유원북스

책 머리에

"바보야 문제는 경제야"라는 말이 실감나는 때입니다. 불확실성이 커지고 경기가 바닥이라 먹고사는 문제가 절실합니다. 특히 미국-중국 간 패권경쟁과 우크라이나와 이스라엘 전쟁으로 우리 경제 핵심산업인 IT가 허물어지는 게 아닌가 하는 우려가 커지고 있습니다. 한편으로 2022년 챗GPT가 촉발한 인공지능(AI) 기술은 세상을 집어삼키고 있습니다. 세계적으로 연일 새로운 AI 서비스가 발표되고 유니콘들이 출현하고 있는 한편으로 윤리나 개인정보 걱정도 커지고 있습니다. 이 책은 이러한 격변하는 시대에 어떻게 대응해서 살아남아야 하는가에 대해 심각하게 고민한 산물입니다.

저는 87년부터 30년이 넘게 국내와 해외에서 IT 디지털정책을 현장에서 담당하였습니다. 이러한 경험을 바탕으로 우리 IT 디지털정책이 어떻게 발전하여야 하고, IT를 바탕으로 우리 경제가 어떻게 나아가야 하는지 고민해 보았습니다.

최근 미국과 중국 간 패권경쟁은 갈수록 격화되고 있습니다. 우리 경제를 뒷받침하고 있는 반도체와 요소수 같은 공급망이 불안정한 상황에 처해 있습니다. 여러가지 공급을 제한하는 경제제재가 도처에서 일어나고 자유무역정신에 어긋나는 조치도 공공연히 취해지고 있습니다. 시장논리에 따라 취해진 것이 아니므로 정치적·외교적 해결방안이 모색되어야 하지만 산업적 측면에서도 대응은 반드시 필요한 부분입니다. 위기의 실체를 보고 우리 IT산업이 가지고 있는 문제점을 고민해야 합니다.

80년대 후반 우리는 고도성장의 새로운 동력으로 IT산업을 집중 육성하였습니다. 정부와 기업이 손잡고 다양한 정책적 노력을 기울였고, 그결과 엄청난 성장을 이룩하였습니다. 이러한 기존 정책을 반추하는 것은 문제에 대한 해답을 찾기 위해 필요한 일일 것입니다.

우리 경제와 일자리를 위해 IT산업은 어떻게 혁신해 나가야 할까요? IT부문 스스로 새로운 기술을 개발하고 인재를 양성하고 기업가정신으로 뭉쳐서 새로운 도전에 나서야 합니다. 세계시장으로 과감하게 나가야 합니다.

우리 사회는 고도성장기를 거치면서 누적된 다양한 문제를 안고 있습니다. IT는 누적된 문제를 혁신을 통해서 풀어나가도록 할 수 있습니다. 기술이 만능은 아니지만 누적되어왔던 많은 문제들을 새로운 접근을 통하여 충분히 해결 가능하다고 생각합니다.

저는 지난 30여년간 IT정책을 담당하면서 징검다리를 놓아왔다고 생각합니다. 우리 경제가 성장에서 성숙단계로 넘어가는 징검다리, 세계 IT와 연결되는 징검다리, IT가 사회혁신을 일으키는 징검다리, 전자산업에서 IT산업으로 전환되는 징검다리, HW에서 SW로 넘어가는 징검다리, 이제 인공지능(AI)과 5G로 대변되는 4차 산업혁명으로의 징검다리 등 다양한 변화의 시기에 기여해 왔다고 생각합니다. 이제 이러한 징검다리를 바탕으로 보다 단단한 돌다리를 만들면 어떨까 생각하면서 이 책을 쓰게 되었습니다.

이러한 글을 쓸 수 있게 된 것은 실로 많은 분들의 도움 덕분입니다. ’80년대부터 지금까지 30여년 동안 IT정책을 수행하는 데 가르침을 주신 모든 분들께 깊이 감사드립니다. 체신부, 정보통신부, 행정안전부, OECD 그리고 대학과 기업, 비영리단체 등 조직을 넘나들면서 IT 디지털 혁신사업을 수행했는데, 저 혼자 한 것이 아니라 팀이 되어 시스템 속에서 역할하도록 격려와 자극과 비판을 아끼지 않은 많은 선배, 동료, 후배님들께 깊이 감사드립니다. 부족하지만 작은 보답의 마음으로 아직 성글지만 이 책을 세상에 내어놓습니다.

2023. 12.
인왕산 자락에서
강성주 드림

차 례

5장 맺는말: 시골소년의 꿈과 희망

1

한국의 위기와 기회

CES
Consumer
Technology
Association
LAS VEGAS CONVENTION CENTER WEST HALL

세계는 지금: CES 참관기
"혁신의 열정은 식을수 없습니다"

2022년 1월 코로나가 아직 몸부리치는 때 세상은 어떻게 돌아가고 있는지 보기 위해 미국 라스베가스 CES를 다녀왔다. 이번 CES에서 확인할수 있었던 것은 어려움 속에서도 혁신의 열정은 뜨겁다는 것이고, IoT 나아가 ICT 디지털이 희망을 만들고 있음을 똑똑하게 볼수 있었다. 한국기업들의 활약이 돋보였고, 게임이나 오락분야 메타버스가 다양한 분야로 확장되고 있었고, 인공지능이 보편화되었고, 이제 대세가 된 전기차를 비롯한 모빌리티 혁신, 코로나시대 스마트헬스 주목, NFT를 비롯한 가상경제 대두, 우주의 IT화, 농업의 디지털혁신, 스마트공장과 IoT 중시, 그리고 전통가전분야 혁신 등이 눈에 띄는 부분으로 생각된다. 다보스포럼에서 2016년 4차 산업혁명 선언에 이어 한국에서 알파고가 이세돌을 이기는 인공지능 시대에 코로나라는 괴물과 싸우면서도 디지털이 삶과 경제를 움직이는 원동력임을 보여주는 이벤트라고 보여졌다. 개인이든 기업이든 국가든 AI 디지털에 사활을 걸어야 할 것이다.

가자 CES로!

매년 초면 그해 세계가 어떨지 살펴보는 행사가 열린다. 1월 초에 열리는 글로벌 IT전시회 CES와 1월 말에 열리는 다보스포럼이 그것이다. 코로나 때문에 작년에는 CES가 온라인으로 열렸는데 다행히 올해는 오프라인으로 개최된다기에 비용도 절약할겸 일찍 참가신청을 했다. 콤덱스에 이어 17년째 개최되는 이 행사에 수차례 참석하여 중요성을 알기에 설레는 마음으로 사전예약하니 행사 앱을 다운받아서 일정도 짜고 수시로 바뀌는 일정을 확인하라고 한다. 코로나 때문에 출발 24시간 전에 검사받아야 하고 가서도 자가검사키트를 공짜로 나눠주면서-사실은 Abott라는 헬스기업 홍보 목적도 있어 보였다-검사받도록 하고, 또 귀국하는 국가의 방역정책에 따라 72시간전 무료검사도 지원해주어서 편리하게 참관토록 지원한 점은 의외로 보여졌다.

전시회가 열리는 라스베가스는 사막에 휴양과 도박을 위해 만들어진 인공도시로 겨울에는 온도가 영하로 내려가기 때문에 텅빈 유령도시화되는데 CES 유치로 겨울도 사람들로 붐비게 되니 좋은 지역균형발전 아이디어로 생각된다. 하지만 IT 입장에서도 샌프란시스코나 뉴욕 같은 대도시에 개최하면 비용이 엄청난데 비용이 저렴한 라스베가스에 개최하니 유리한 점이 있어 서로 윈윈하는 모습이 보기 좋게 보여진다.

공항에서 IT기업 대표 몇분들과 인사하고 고개드니 교수님들도 학생들과 비행기를 타고 있어 외롭지 않겠구나 생각해본다. 10시간 비행 내내 마스크를 써야 해서 불편했지만 공항 이민국 직원이 한국말로 인사해주니 기분이 좋아졌고, 버스가 없어 택시를 타야 하는 점은 불편했다. 늦은 점심을 햄버거로 떼우는데 창가를 지나가는 사람들 중 젊은 층은 거의 마스크를 안쓰고, 어르신이나 아이들은 대부분 마스크를 쓰고 있어 왜 미국이 코로나 확진자가 많은지 이해가 되었다. 여기서는 방역의 필요와 자유라는 서로 충돌하는 가치가 이렇게 타협하고 있구나 생각에 빠져본다.

Korea is back!

이번 CES는 어느분 말마따나 COEX를 미국으로 옮겨놓았다는 말을 들을 정도로 2,200여 참가기업 중 한국이 500개 가까이 참가하여 우리의 혁신열정을 세계에 과시하는 훌륭한 기회가 되었다. 미중갈등으로 중국이 사라진 것은 아쉬운 대목인데 많은 대학과 지자체에서 유레카관 뿐 아니라 모든 전시장에서 한국기업들이 새로운 제품과 서비스를 전시하여 호평을 받았다.

메인홀(Tech East Central)은 CES의 상징으로 삼성과 LG 뿐 아니라 Hier이나 Sony, Panasonic 등 글로벌 대기업들이 각축전을 벌이는 곳인데, 가전제품과 휴대폰 등 소비재에서 어떤 혁신적인 기술이 적용되었는지 기술자뿐 아니라 시장 분석가들에게도 중요한 장소이고 매년 혁신상을 몇 개 받았다든지 하는 경쟁이 치열한 공간이다. 가장 첫 번째 전시장에는 LG가 넓은 공간에 실제 가전제품 대

신 온라인으로 전시하고 있어 약간은 실망감을 가지게 되었는데, 그 뒤 두번째 전시장에 있는 삼성은 ESG를 강조하면서 짜임새있게 첨단 가전제품과 휴대폰들을 전시하여 많은 관람객들이 줄서야 하는 가장 인기있는 전시장이 되었다. 특히 기조연설에서 세계 최초로 소개한 FreeStyle이라는 프로젝터를 전시하여 많은 사람들의 눈길을 끌었다. SK도 ESG를 강조하면서 녹색 중심으로 다양한 솔루션들을 선보여 줄이 길게 늘어섰고, 롯데도 K-contents를 전시하여 많은 사람들로 붐볐고 일부 중소기업들도 보였다.

CES가 모터쇼가 된 West관에서는 현대기아차에서 전기차와 로봇을 결합한 새로운 모빌리티를 선보여 인기를 독차지하고 있었고 현대중공업도 스마트건설을 시뮬레이션하는 기술을 선보이면서 CES에 최초로 참여했고 모비스도 새로운 물류 모빌리티와 전장품을 전시하여 인기를 끌었고 두산도 수소와 드론을 전하여 인상적이었다. 바로 옆 North관에서는 스마트 헬스 분야에서 원주의료단지에서 20개 한국기업 공동관을 만들었고 한컴도 대대적으로 인공지능과 메타버스, 드론을 전시하였고 나무도 IoT솔루션을 선보이는 등 많은 한국기업들이 참여하여 인기를 끌고 있었다.

한편 최근 인기를 끌고 있는 Eureka관은 500여 기업 중 거의 반이 한국기업들이 차지할 정도로 한국기업들이 몰려 있었다. 8년 전부터 스타트업이나 대학생들에게 시장진출의 기회를 주려고 시작되어 초기에는 거의 관람객들이 없었는데, 최근에는 수준높은 스타트업들이 참가하여 핫한 전시장이 되었는데 올해는 한국 스타트업들이 KOTRA나 지자체 지원으로 대규모로 참석하여 많은 외국 참가자들이 한국의 젊은 혁신 스타트업의 수준에 놀라는 분위기였다. 서울대나 KAIST 외에 성균관대나 아주대에서도 젊은 창업가들을 선보여서 특기할 만했다. 수소안전측정기 같은 첨단제품으로부터 ADHD 치료솔루션같은 헬스, 메타버스 등 다양한 분야에서 참가하여 주목을 받았다.

전체적으로 주최국 미국기업 다음으로 가장 많은 기업들이 참가한 한국이 코로나 상황에서도 무엇을 하고 있는지 여실히 보여주는 좋은 기회라고 생각된다.

메타버스의 잠재력

이번 전시에서 눈길을 끈 것 중 대표적인 것이 메타버스가 게임이나 오락에서 교육이나 의료 나아가 제조영역까지 영역을 확대하면서 다양해지고 있다는 점이다. 전시장 앞 야외공원에 전시한 부스에서는 기업들이 회의나 교육훈련, 제조라인 관리까지 메타버스로 관리하는 기술을 선보였고, 바로 옆에서는 농업분야와 우주분야에서도 활용될 수 있음을 전시하고 있었다. 오큘러스를 인수한 페이스북이 회사 이름을 메타로 바꾸고 보편모델인 Quest2를 출시하여 메타버스 열풍이 불고 있는 가운데, 메인홀에서는 VR과 AR기술을 활용한 게임과 오락컨텐츠와 기기들을 전시하고 있었고, 모빌리티관에서도 메타버스를 응용한 자율주행시스템을, 헬스관에서도 뇌질환이나 심장질환을 진단하고 치료하기 위한 메타버스 솔루션들을 전시하고 있었다. 한컴도 메타버스 상거래를 시연하고 있었고, 유레카관에서도 많은 한국 스타트업과 프랑스나 네덜란드, 스위스, 일본에서 메타버스를 활용한 다양한 비즈모델을 전시하였다. 특기할 점은 메타버스 기술을 인공지능이나 블록체인 NFT를 연결하여 새로운 미지의 영역을 개척하는 솔루션들이 나타나고 있었다는 점이다.

이제 메타버스는 종래 XR을 활용한 문화비즈에서, AI나 블록체인과 통합하여 교육이나 의료, 제조까지 영역을 넓혀가고 있어 무궁무진한 가능성을 보여주고 있다는 점이다. 내년

2023년에는 훨씬 다양한 솔루션들이 우리를 깜짝 놀라게 할 것으로 기대된다.

이제 인공지능은 필수

2017년 한국에서 알파고 사건 이후 AI는 경이적인 발전을 보여주고 있다. 컴공 전공자들의 전유물에서 다양한 분야의 기술자들이 손쉽게 활용하는 기술들이 대거 소개되면서 다양한 기기에 임배드화가 급속하게 진행되고 있다. 이제 가전제품들은 거의 AI칩이 내장되고, 현대기아나 두산같은 기업도 AI를 모빌리티에 적용하는 시도를 보여주고, 헬스분야에서도 진단이나 치료를 위한 다양한 솔루션들을 보여주고 있다. 존디어라는 농기계회사도 AI를 적용한 트렉터를 출시하여 눈길을 끌었다. 메타버스나 블록체인과 융합하여 AI를 활용하는 영역도 무한대로 늘어나고 있음을 확인할 수 있었다.

CES 모터쇼

이제 CES는 자동차전시회가 되었다. 특히 전기차는 이제 대세가 되었고, 자율주행기능도 엄청나게 좋아지고 있음을 보여주었다. West관에서는 전통적인 자동차기업인 GM, 벤츠, 현대기아, 르노 외에 튀르키예 기업 Togg나 베트남 자동차 회사까지 가세하여 다양한 전기차를 선보였고, 여기에 전통적인 가전기업 Sony까지 가세하여 전기차를 전시하였다. 완성차뿐 아니라 다양한 전장부품과 충전장치, 심지어 튜닝이나 정비하는 기업들까지 가세하여 가히 모터쇼를 풍성하게 하였다.

자율주행기능이 고도화되면서 CES 최초로 자율차 경주대회까지 개최되었는데 KAIST팀도 출전하여 선전하였고, BMW는 색깔이 수시로 바뀌는 희한한 전기차를 소개하여 카메니아의 눈길을 사로잡았다. 그리고 테슬라는 올해도 어김없이 놀라운 기술을 보여주었다. 지하에 터널을 굴착하여 자동차 전용도로를 만들어 전시장을 오갈 수 있도록 하였는데 인기가 대단하였고, 올 10월까지 라스베가스 공항과 미식축구장 그리고 시내에 있는 전시장을 연결하는 지하도로망을 완공한다고 한다. 요금은 8천원에서 만오천원 정도라니($8-$15) 충분히 승산이 있고, 자율화한다면 인건비도 대폭 줄일 수 있으나, 우버택시를 몰던 Gloria는 자기일자리가 없어진다고 마구 욕하는 것을 들었는데 아마도 갈등요인이 될 듯하고 사회적 대화가 진행되고 있음을 감지했다.

코로나와 헬스

코로나가 아직 가시지 않고 있는 만큼 헬스분야는 이번 CES에서 중요한 주제가 되었다. Abott라는 의료기업 대표가 CES 역사상 최초로 기조연설하였다고 많이 회자되었고 모든 참가자들에게 코로나 자가진단키트를 무상으로 나누어주어 성가가 대단하였다. 뇌나 심장질환을 진단하고 치료하며, 정신질환이나 불면증, 심지어는 부부생활에 필요한 시스템까지 출품되어 다양한 관심을 반영하고 있었다. 스포츠기술이라는 분야도 대단한 인기였는데 요가용 스마트 매트나 권투용 스마트 샌드백 등등 기발한 제품들이 사람들의 눈길을 끌었다. 유레카관에서도 다양한 헬스기기가 전시되었는데 치매나 우울증 등 정신질환을 스마트하게 진단하고 치료하는 기술들이 대거 선보였다. 성균관대 정태명교수팀도 ADHD치료기술을 선보여 관심을 끌었다.

가상통화와 NFT

이번에 드디어 가상통화문제가 수면 위로 떠올라 논쟁을 일으켰다. 아리아관에서는 NFT에 대한 기술적 법적 논쟁이 일어나서 100여 좌석이 모자라 많은 사람이 서서 들었고, Fintech를 전시하는 구역에서는 가상통화로 결제하는 시스템들과 함께 거래소 기술들도 전시되어 특히 젊은 참가자들이 많은 관심을 자아냈다. 매년 이에 대한 혁신적인 기술들이 증가하면서 사회적 논쟁과 함께 서서히 새로운 경제모델을 만들어 나가고 있다고 보여진다.

우주가 가까워졌다

Sierra라는 우주항공선 제작업체가 우주왕복선 모형을 전시하여 사람들이 줄서서 기다리는 장사진을 쳤고, Sony는 올해 발사할 소형 저궤도 위성 실제모델을 전시하여 관심을 끌었고, 한국의 한컴도 위성발사를 선언하면서 이제 우주기술도 디지털화되고 CES에 당당히 참가하는 모습을 조만간 보게 될 것 같다.

농사가 바뀐다

John Deere라는 농기계제작업체가 야외전시장에 집채 만한 트랙터를 전시하면서 이를 농업용 AI로보트라고 소개하고 있었다. 인공위성을 이용하여 기후나 작황을 모니터링하고 물을 공급하고 농약을 필요한 부분에 사용하는 등 다양한 서비스를 소개하였다. 그리고 인공식품을 전시하기도 하여 친환경식품산업에 대한 관심도 높아졌음을 실감하였다. SK는 ESG차원에서 점심 나눔서비스를 제공하여 눈길을 끌기도 하였다.

스마트공장과 IoT

다양한 사물인터넷 기업들이 참여하여 4차 산업혁명에 어떻게 대응하는지 보여주고 있었다. 한국의 나무시스템은 디지털 전환을 주제로 하였고, 미국과 유럽의 IoT기업단체인 IMC에서도 IoT서비스 온라인강의를 실시간으로 하여 주목을 받았고, Bosch는 환경센서를 소개하여 ESG대응을 위한 와이파이나 블루투스 등 다양한 네트워크를 활용하는 솔루션들을 전시하고 있었고, 특히 스마트 솔루션에 관한 기술과 시스템들이 전시되어 제조분야 미래에 대한 고민을 볼수 있었다.

전통가전은 살아있다

아직 가전분야는 여전히 CES의 중요한 분야로 남아있었다. 삼성은 가정들을 친환경적으로 하기 위한 다양한 노력과 함께 TV, 냉장고 같은 전통 가전기기들이 AI와 결합하여 어떻게 진화하였는지 전시하였고, 중국의 TCL도 하이얼을 이어서 새로운 강자가 되었음을 스마트안경 같은 각종 제품군을 선보이면서 알렸다. 코로나로 21일간이나 격리해야 하는 어려움을 이기고 중국 선전이나 베이징에서 온 다양한 악세사리, 스피커 등등이 전시되고 있었다. 본인도 마지막날 다시 가져가야 하는 번거로움을 피하려는 한 전시기업으로부터 와이파이 스피커 겸 라디오 14달러짜리를 공짜로 득템하는 행운을 누렸다.

에필로그

해프닝 하나. CES 끝나고 돌아오는 길에 실리콘밸리를 들러볼 생각이었는데 아침 비행편이 예고없이 밤으로 바뀌어 버렸다! 나중에 알고보니 승무원이 코로나 확진으로 취소되었던 것. 덕분에 실리콘밸리 일정들이 꼬였는데 CES 때 우연히 만난 반도체장비회사 동포대표님이 시간내줘서 소식을 접할수 있어 다행으로 생각한다.

해프닝 둘. 돌아오는 날 바이든 대통령과 오바마 전대통령 방문으로 교통을 통제하는 바람에 연착과 지연이 생겨서 우버기사 Joe가 투덜거렸다. 사막에 라스베가스를 건설한 오랜 민주당 정치지도자 Harry 상원의원 장례식차 방문하였는데 몰랐던 모양이다.

해프닝 셋. 샌프란시스코공항에 있는 코로나 검사소에서 검사받으러 2시간이나 일찍 갔는데 이미 몇시간 전에 마감되었다고 한다! 그럼 예약한 비행기 못타는데 하루밤 더 묵어야 하나 어쩌나 하는데 마침 공항에서 멀지 않은 곳에 자동차 타고 검사하는 곳이 있다길래 부랴부랴 우버타고 갔는데 여기도 예약이 마감이라고 하면서 1시간 이상 떨어진 오클랜드로 가라고 해서 맨붕이 왔다. 때마침 다행히도 한국에서 직원이 온라인 예약을 해줘서 겨우겨우 검사받고 1시간 후 바로 '음성' 결과 받아서 비행기를 가까스로 탈 수 있었다. 무척이나 긴 하루였다.

코로나로 2022년 다보스포럼은 여름으로 미뤄졌고 MWC도 아직 연다고는 하지만 불투명하다. 코로나로 글로벌 공급망이 무너지고 실물경제가 위기를 맞고 있음에도 CES를 통해 기업가정신이 살아있고 메타버스나 AI, 모빌리티 같은 혁신기술이 미래를 만들고 있음을 본다. 실리콘밸리에서 유니콘을 작년에 15개나 배출한 벤처캐피탈도 경제는 어려운 상황이지만 혁신은 지속되고 있다고 강조하는 것을 들었다. CES는 희망을 보여주었고 우리는 그 등을 타야 함을 보았다. 우물쭈물할 시간이 없다.

경제개발과 기술정보사회

AI 디지털 국가론: '국가는 왜 실패하는가?'

*출처: 2023.12.22. 대구일보

2023년이 저물고 있다. 기후변화에 경기도 좋지않아 힘들고 어려웠던 기억들이 많겠지요? 심리학자들은 기억의 특성상 좋지 않은 기억들이 오래 남는다 하지만 팍팍한건 사실이 아닐까 생각된다. 문득 AI 디지털은 과연 삶을 가치있고 행복하게 할까 하는 생각을 해본다. 디지털이 개인이든 조직이든 국가든 가치가 있어야 사용할 것이기 때문이다.

관련해서 기억에 남는 책들 중에 '국가는 왜 실패하는가'라는 책이 있는데, 지난 수백년 역사 속에서 왜 어떤 나라는 망하고 또 어떤 나라는 흥하는지 과학적으로 분석한 책이다. 이 연구로 MIT교수인 저자는 조만간 노벨상을 탈 것으로 알려져 있다. 그에 따르면 지난 수백년의 역사에서 번영을 누린 국가들은 공통적으로 '포용적'인 제도를 발전시켰고, 망한 국가들은 소수의 엘리트가 부와 명예를 독차지하는 '착취적'인 제도를 발전시켰다고 한다. 수많은 사례가 등장하는데 콩고공화국 사례는 잊혀지지 않는다. 즉 콩고에서는 기차역이나 고속도로 휴게소 같은 접근성이 좋은 지역에는 사람들이 살지 않는데, 이유는 징병관들이 수시로 방문하여 합법적으로 젊은이들을 징집해서 미국 같은 노동력이 부족한 부자나라로 보내고 대부분의 수입은 국가가 가로채기 때문이라고 한다. 국가가 합법적으로 노예무역을 해서 이익을 착취하고 국민 전체를 위한 경제발전에는 소홀하여 결국 망하게 되었다는 주장이다. 어쩌면 지금 이 순간에도 그러한 사례는 국가라는 큰 사회 말고도 지역이나 기업, 각종단체에 존재할 수도 있겠다 싶다.

AI 디지털기술은 어떨까? 사람들에게 소득이나 학력, 지역 같은 차별요소를 줄이고 사회를 좀더 포용적이고 자유롭게 하는데 기여하고 있을까? IT기술의 시초인 전화기는 1896년 왕실용으로 도입되서 소수 특권층만 사용하다가, 1982년 통신공사가 설립되면서 본격적으로 보급되기 시작해서 2000년대에 들어오면서 인터넷과 더불어 생활필수품으로 자리잡게 되었다. 2023년 현재 인구보다 많은 6,632만대의 휴대폰이 보급되어 일상생활에서 디지털은 선택이 아닌 필수품이 되었다.

AI 디지털 기술이 사회에 미치는 영향은 실로 어마어마하다. 무엇보다도 경제라는 측면에서 AI 디지털 기술은 기존 산업을 혁신하고 생산성을 높이며 새로운 일자리를 창출할 수 있는 잠재력을 가지고 있다. 과거 산업화시대에 제일모직이나 한일합섬 같은 기업이 농어촌지역 여성인력을 흡수하였듯이, 최근 판교같은 AI 디지털단지에서는 젊은 인력을 빨아들이고 있다. 물론 이 과정에서 일자리 재배치나 소득 격차 같은 문제도 제기되기도 한다. 다음으로 교육의 경우 디지털 기술은 인터넷 강의 같은 온라인 플랫폼, 맞춤형 학습, 교육 접근성을 획기적으로 바꿔서 교육을 혁신했다. 여전히 대치동 문화가 남아 있지만 교육격차를 줄였다. 의료의 경우에도 AI는 영상 분석, 질병 진단, 약물 개발, 맞춤형 의학 등 혁신하고 있다. 여전히 비대면 진료는 숙제로 남아 있기는 하다. 다음으로 사회적 상호작용, 즉 네이버, 카톡 같은 소셜 미디어, 온라인 커뮤니티, 가상 플랫폼을 통해 사람들간의 상호작용을 바꿔서 인간관계, 정신건강, 사회적인 역동성에 긍정적인 영향과 함께 부정적인 영향도 같이 끼치고 있다. 그리고 AI와 디지털 기술은 개인정보 보호와 데이터 보안에 대한 우려를 불러일으키기도 한다.

AI 디지털은 먹거리나 교육, 헬스. 문화 등 사회적으로 통합과 포용성을 높이는 긍정적인 역할을 하지만, 격차문제나 윤리, 보안 같은 역기능도 있어 양날의 칼과 같다고 할수 있다. 긍정적인 측면은 시장원리에 따라 자연스럽게 나타날 것이나, 부정적 측면은 어떻게 대응해야 할까?

무엇보다 보편적 접근권이 보장되어야 한다. 모든 국민이 AI 디지털 서비스를 제공받도록 인프라를 구축하여야 한다. 저소득층, 어르신, 장애인, 농어촌 등 구애받음 없이 공평한 서비스를 받도록 법적·경제적·기술적 대책이 마련되어야 한다. AI 권리장전이 그 방편이 될 수 있을 것이다.

두 번째로 윤리문제이다. 이미 범죄나 프라이버시 문제가 제기되고 있는데 법적규제가 필요한 부분이다. 아울러 AI 개발자나 사용자 모두가 공감하는 윤리 가이드라인을 만들어 자율적으로 풀어나가는 방식도 필요하다. 스스로 가이드라인을 지키는 것이 보다 효과적일 수 있다.

세 번째로 보안대책이 필요하다. 기존의 제로트러스트 준칙을 넘어서는 AI로 인한 보안문제를 예방하고 대응하고 복구하는 절차를 만들어서 기술적인 대책과 함께 법제도적 뒷받침도 필요할 것이다.

이러한 활동들은 글로벌하게 진행되어야 하는데, EU는 이미 AI법 초안을 제시하고 토론하고 있으므로 협력해야 하며, 오픈AI나 구글, 네이버 등 기업과 언론, NGO 등 시민단체들과도 협업하여 AI디지털이 사회를 보다 자유롭고 포용적으로 만들도록 해야 할 것이다. 2024년부터는 AI시대가 본격적으로 열리므로 구한말처럼 국가가 실패하는 역사를 다시 써서는 안될 것이다.

인공지능(AI) 시대 생존전략

*출처: 2023.11.21. 대구일보

2022년 11월 말 미국 오픈에이아이(OpenAI)라는 회사가 챗지피티(GPT)라는 AI 서비스를 발표한 이후 전세계는 AI에 빠져 있다. 구글이나 네이버같은 내노라 하는 기업뿐 아니라 많은 중소기업 모임에서도 어떻게 AI를 도입할지 이야기하는걸 들으면서 가히 'AI 전성시대'라는 말이 실감난다. 이번 APEC 정상회의 때도 중요한 주제로 논의되서 이제 AI는 선택이 아니라 필수가 되었다.

이러한 AI시대에 우리는 어떻게 해야 할까? 많은 전문가들이 다양한 의견을 내놓고 있는데, 필자는 90년대 인터넷이 처음 등장했을 때를 되돌아보고 싶다. 인터넷 즉 월드와이드웹(WWW)이 소개된 1991년 이후 미국과 전세계는 인터넷에 열광했었다. 당시 우리는 하이텔이나 천리안 같은 PC통신이 지배했던 시기였는데 재빨리 인터넷 서비스가 시작되었다. '94년에 KT가 그리고 초고속망이 구축되자 '98년에는 두루넷이라는 기업을 필두로 많은 인터넷 기업이 등장하였다. 더불어서 '99년 국민PC 즉 반값PC사업으로 1가구 1PC시대가 열리면서 인터넷은 모든 국민들의 필수서비스로 자리잡게 되었다. 이러한 시기에 동사무소나 우체국에서도 인터넷 교육을 무료로 받을 수 있었고, 초중고 학생은 물론 일반인들도 인터넷 정보검색사 자격증을 따는 것이 유행이 되었음은 모두가 기억하고 있을 것이다.

이러한 '90년대 인터넷 경험에 비추어 지금 AI시대에는 어떻게 해야 할지 답을 찾아보자. AI는 청년일자리와 소득을 창출하는 유망산업이지만 아직 커가는 성장산업이라 수요와 공급 양쪽 모두를 키우는 쌍끌이 전략이 필요하다. 수요 측면에서는 AI가 헬스나 교육, 금융 등 다양한 분야에서 활용될 수 있도록 새로운 시장을 만들어 주고, 공급 측면에서는 AI 기술력을 키우고 전문인력을 양성하고 투자를 위한 자금지원도 필요할 것이다. 그리고 이러한 시장메커니즘이 작동할 수 있는 생태계가 갖추어진다면 경제적으로나 사회적으로 AI강국으로 발돋움할 수 있을 것이다.

우선 다양한 AI 서비스가 나와야 한다. 예컨대 안과진단에서 AI는 사람보다 우수한 90% 이상의 정확도를 보여준다. 학교에서도 AI를 활용해서 학생별 맞춤형 교육을 할 수 있고, 제조공장에서도 고장률을 획기적으로 줄이고, 농업분야에서도 AI로 작황을 예측해 낸다. 정부도 대민서비스를 할 때 AI를 적극 활용해서 범죄를 예방하고 홍수를 예측하고 어르신을 돌봐야 한다. 이때 기존 서비스와 충돌이 생기는데 혁신적인 AI서비스나 제품이 활용될 수 있도록 우선권을 주거나 피해보상 시스템을 갖추어야 실제 현장에서 AI가 활용될 수 있을 것이다.

다음으로 AI를 손쉽게 사용하도록 접근성을 개선해야 한다. UN이나 OECD에서는 정보격차가 빈부격차를 초래할 수 있다며 인터넷 접근권(accessibility)을 보장해야 한다고 권고하고 있다. 마찬가지로 AI에 대해서도 손쉽게 접근할 수 있도록 기술적·경제적·문화적 여건이 개선되어야 한다. 기술적으로 과거 국민PC처럼 챗GPT나 클로바 같은 AI플랫폼에 손쉽게 접속해서 이용할 수 있는 다양한 솔루션들이 개발되어 보급되어야 한다. 물론 합리적인 가격 구조나 약자에 대한 보조금 지급, 그리고 AI 권리장전이나 프라이버시, 지식재산권 등 사회적 여건도 마련될 필요가 있다.

세 번째 AI 기술력을 키워야 한다. AI 기술은 한국이 미국의 89% 수준인데 초거대(foundation) 모델처럼 수조 이상이 투자되어야 하는 기술은 물론 이를 활용하는 기술이나 클라우드 컴퓨팅, 소부장 등을 개발할 수 있도록 재정투자 외에 세제 감면과 저금리 자금조달 같은 인센티브를 제공해야 한다. 출연연구소 외에 대학이나 기업 나아가 해외연구소들과도 협력해서 AI기술 개발에 나서도록 유인책을 강구하여야 한다. 기술개발에 절대적인 데이터를 대량 확보하여야 하는데, 기구축된 데이터를 라벨링 등 정제해서 AI기술개발에 활용토록 지원이 이루어져야 할 것이다.

네 번째 AI인재를 양성해야 한다. AI 도입은 결국 사람이 하는 것이므로 100만 인재 양성사업이 진행되고 있는데, 과거 '90년대 인터넷처럼 전국민 AI교육이 활성화되어야 한다. 어르신이나 사회적 약자도 손쉽게 AI를 사용토록 교육기회가 부여되어야 한다.

마지막으로 AI 생태계를 갖추어야 한다. AI시장이 작동되도록 법제도를 정비하고 기존 관행에 얽매이지 않도록 규제완화가 요구되며, 기존 거대기업 외에 새로운 스타트업 출현환경을 만들어서 유니콘이 나올 수 있도록 투자환경도 개선되어야 한다. 이러한 전략은 어려운 시기에 AI가 희망의 등불이 되도록 모두가 힘을 모아 나가길 바란다.

한국경제 어디로 가야 하나?

한국경제가 어려움을 겪고 있다. 경제성장이 3%대에서 이제는 2%대 아래로 떨어질 수 있다고 전문가들은 우려하고 있다. 성장잠재력이 떨어지고 있는 것이 문제인데, 국민소득(GDP)을 결정짓는 3대 변수, 즉 자본과 노동 및 생산성 모두 빨간불이 켜져 있다. 우선 (1) 자본(K)은 기업들이 투자할 수 있을 정도로 이자율이 낮아야 하지만 미국이나 유럽은 제로금리 시대로 가고 있지만 아직 우리는 여의치 않고, 또 재정도 확대하고 있지만 사회적 논란에 직면하고 있다. (2) 노동분야(L)는 매년 학교를 졸업하고 시장으로 투입되는 인력은 40만

이 넘고 있으나 일자리가 부족하고, 또 유연성이 낮으면서도 노사간 협력은 잘 안되는 문제를 가지고 있다. 마지막으로 (3) 생산성 측면(TFP)에서 혁신역량과 성과는 아직 성장을 뒷받침할 만큼 개선되지 못하고 있다.

이러한 구조적인 문제에 처한 한국경제와 달리 이웃인 일본은 마이너스 시대를 극복하고 '18년 1.9% 성장하여 기업들이 인력을 구하느라 야단이고, 미국도 3% 가까운 성장을 보이면서 2차대전 이후 최고의 번영을 구가하고 있다.

이러한 한국경제의 구조적인 문제에 대한 해법은 다양하겠지만 종래의 고도성장전략으로는 이겨나갈 수 없고, 뼈를 깎는 구조조정과 혁신을 통한 질적 성장으로 나아갈 수밖에 없다는데 전문가들의 의견은 일치하고 있다. 이러한 새로운 성장시대를 열어나갈 핵심전략 역할을 할 수 있는 것이 우리가 강점을 가지고 있는 IT산업이다. IT산업은 그 자체가 종래 굴뚝산업 못지않은 거대산업이면서도 타산업의 혁신을 유발하여 파급효과를 가진 지렛대산업(GPT: general purpose technology)의 성격을 가지고 있다. '70년대 말부터 한국은 이 산업에 많은 투자를 통하여 경쟁력을 갖추고 있어 전략적으로 한국경제를 이끌고 나갈수 있는 분야라고 제시되고 있다. IT산업은 이제 GDP의 10%를 넘게 차지하고 있고, 수출도 40% 가까이 차지하고 있는 핵심산업이다.

하지만 이러한 IT산업도 경쟁력이 약화되고 있다. 주력산업인 반도체의 경우 우위를 점하고 있으나, SW의 경우 매우 취약하며, 최근 부상하고 있는 4차 산업혁명관련 인공지능이나 블록체인, 드론 같은 분야의 경우 아직 걸음마단계로 평가받고 있어 미래가 우려스러운 상황이다.

한국경제는 '60년대 이후 놀랄 만한 발전을 이룩하였고, 이제는 국민소득이 4만달러를 바라보는 세계 13대 경제대국으로 성장하였다. 이는 '60년대부터 정부 주도로 경제개발전략을 착실하게 추진한 결과로 평가받고 있으며, '90년대까지 연평균 10%에 가까운 성장을 보였으나, 2000년대에 접어들면서 성장속도가 둔화되어 구조조정의 압력을 받고 있다.

정부주도 성장모델이 한계에 부딪히면서 시장중심모델로 옮겨가야 하지만 대기업은 세계적 수준으로 성장했지만 중소기업은 아직 경쟁력을 갖추지 못하고 있다. 종래 경제를 주도했던 조선, 자동차, 화학 같은 굴뚝산업은 중국이나 러시아 같은 BRICs국가들의 추격에 직면하고 있으며, 새로운 성장동력으로 부각되고 있는 IT산업의 경우 치열한 경쟁에 직면하고 있다.

IT 기술 발전사

IT산업은 '80년대 전자산업을 필두로 하여 '90년대 인터넷 등장과 더불어 세계적인 경쟁력을 갖추게 되었다. 1959년 금성사에서 라디오를 생산하면서 시작된 우리 전자산업 즉 IT 산업은 그동안 급속한 발전을 거듭하여 이제는 세계적 수준의 경쟁력을 보유하고 있다. 초기 TV, 냉장고 같은 백색가전으로 출발하였으나, 반도체와 컴퓨터, 통신장비로 고도화하여 국민경제는 물론 세계경제에서도 우리 IT산업은 중요한 역할을 담당하게 되었다. 산업의 생태계가 되는 연구개발과 인력양성 및 국책사업으로 수요를 창출하여 한국경제의 10%를 차지하고 있고, 수출입은 40% 수준을 IT분야가 차지하고 있다.

IT산업이 국민경제에서 차지하는 핵심산업이기는 하지만 여러 가지 문제를 가지고 있는 것이 사실이다. IT기술 수준은 세계 최고(미국) 대비 약 80% 초반 수준에 머물고 있으며, 혁신을 주도할 핵심 인력도 SW 같은 경우 만명이나 부족하다고 한다. IITP는 미국 대비 ICT 기술수준은 EU 90.7%, 일본

87.2%, 한국 83.5%, 중국 82.5%이라고 평가하고 있다. HW는 단말기나 네트워크시스템 같은 완제품의 경우 세계시장을 주도하기 위한 노력이 있으나, 구조적으로 장비나 부품 같은 후방산업으로의 낙수효과가 부족하고, SW 중심의 고도화가 진행 중인 선진국과 달리 우리나라 SW산업은 여전히 성장이 지체되고 있다고 보여진다. 핵심이 되는 반도체의 경우 제조장비를 외국에 80% 정도 의존하고 있으며, 전체 IT산업 중 SW·서비스 비중은 미국 76.1%, 일본 67.4%, 핀란드 64.6%인 데 반해 한국은 29.9% 수준이다. 서비스 분야의 경우 사람·기기가 서로 연결되는 초연결화 현상이 진전되고 있어서 이에 대응한 네트워크 고도화가 주요 과제로 지적되고 있으며, 세계 인터넷에 연결되는 기기숫자가 2016년 250억 개에서 2025년에는 1조 개로 증가하고, 모바일 트래픽도 2016년 7EB에서 2021년 49EB로 증가했다고 한다. 우리나라는 IPTV 도입 이후 성장 모멘텀이 부재한 상황이며 통신서비스 매출도 40조원 근처를 10년 넘게 맴돌고 있다. ICT와 산업 간 융합이 세계적으로 확산되고 있지만 우리나라는 지능형 기반산업(AI, 빅데이터, 클라우드)의 취약한 경쟁력과 높은 규제 장벽 등으로 최근의 '타다' 논쟁에서 보여주듯이 혁신적인 새로운 비즈모델이

제약받고 있다. 최근 4차 산업혁명의 꽃으로 평가받는 AI 기술수준은 미국 대비 78.1%이고, 기계학습용 데이터셋은 56위 수준에 머물고, 게다가 상품시장 규제는 OECD 4위, 무역규제는 OECD 1위로 평가받고 있다.

중국을 비롯한 신흥국의 약진으로 IT강국의 위상이 도전받고 있기도 하다. 중국은 반도체 자급률을 2018년 25%에서 2025년 70%로 끌어올리기 위한 전략을 추진하고 있고, 나아가 AI·반도체·퀀텀 분야에 2025년까지 82조원을 투자하겠다는 통큰 계획을 발표했다. 더욱이 일본은 우리나라 수입 비중이 큰 디스플레이 핵심소재인 플루오린 폴리이미드 및 반도체 핵심소재인 포토레지스트와 고순도 에칭가스 품목에 대해 수출금지 조치를 단행하여 어려움을 가중시키고 있다.

정보사회론

IT가 경제분야에서 주도권을 가지기 시작한 것은 백색가전부터 인터넷이 등장한 '90년대부터라고 볼 수 있다. TV, 냉장고, 세탁기로 대변되는 백색가전도 가정생활을 바꾸고, 사무실과 병원, 학교 등 많은 분야에서 변화를 초래하였지만, IT가

사회 전반적으로 혁신을 이끄는 핵심으로 작용한 것은 아마도 '87년 팀 버너스 리가 웹('WWW') 기술을 발표하면서 폭발한 인터넷 혁명부터라고 할 수 있다. 이때부터 IT가 하나의 산업에서 사회 전반적으로 변화를 촉발한다고 하는 정보사회에 관한 연구가 본격적으로 시작하였다. 예컨대 '85년 앨빈 토플러가 '제3의 물결'을 출간하면서 본격적으로 정보사회의 밝은 면과 어두운 면이 본격적으로 논의되기 시작하였다. 2008년 애플에서 스마트폰이 출시되면서 새로운 스마트사회 논의가 일어났으며, 2017년 세계경제포럼이 '제4차 산업혁명(4th Industrial Revolution)'이 일어나고 있다고 선언하면서 기술과 사회에 대한 다양한 논의가 이루어지고 있다. 인공지능(AI)이 과연 어느 정도까지 인간을 대체할 것인가에 대한 논의는 더 이상 학자들의 연구대상이 아니라 사회적 토론주제로 자리잡고 있다. 정보사회의 실체가 과연 인간성을 보다 발휘할 수 있는 방향으로 전개될지 아니면 일자리와 인간성을 위축하는 결과를 초래할지 많은 사람들이 주목하고 있다.

2

한국 IT 디지털 역사: 한국에서 무슨 일이 일어났는가?

이 장에서는 우리 경제가 발전하면서 IT산업도 발전했는데, 거시적으로 경제성장과 IT산업의 관계를 살펴보고, 이러한 IT산업 성장의 원동력이 되었던 국책사업들의 성과를 돌이켜보고자 한다.

경제성장과 IT

1959년 금성사에서 라디오를 생산하면서 우리 IT산업의 역사는 시작되었다고 볼 수 있는데, 초기에는 자동차나 조선 산업에 비해 성장 기여도가 미미하였으나, '90년대 인터넷 등장 이후 핵심산업으로 등장하게 되었다.

'80년대 이전 /PC통신: 국가기간전산망

전자산업시기

'60년대 경제개발계획으로 한국경제가 본격 성장궤도에 오르면서 TV, 냉장고 같은 백색가전산업이 본격적으로 성장하기 시작하였다. 국내에서는 소득수준이 높아지면서 내수시장이 커지고 있었고, 해외시장에서도 저가를 무기로 일본이나 미국보다 많은 시장을 차지할 수 있었다. 기술수준도 부품을 일본이나 미국에서 수입하여 조립하여 판매하는 형태가 주였으며, 컴퓨터나 통신장비 등 시스템산업은 거의 해외에 의존하는 형편이었다고 평가받았다.

이러한 상황에서 돌파구를 마련하기 위해 추진된 전자교환기(TDX) 개발사업과 반도체기술 개발사업은 기술자립과 산업경쟁력 강화에 큰 기여를 하게 되었다. 미국과 유럽에서 수입에만 의존하던 전자교환기를 우리 손으로 개발하고 이를 통신공사(KT)가 구매하여 수요와 공급이 선순환하는 구조를 만들면서 산업 경쟁력이 강화되었고, 이를 바탕으로 해외시장에 수출까지 하면서 경제성장에 기여하게 된 경험을 축적하게 되었다. 이러한 경험은 이후 IT정책 추진에 자신감을 부여하게 되었다.

PC통신: 국가기간전산망사업

단순한 조립 중심의 IT산업이 한 단계 발전하는 계기가 된 것은 국가기간전산망사업이었다. '80년대에 들어서면서 IT산업 트렌드는 음성을 위주로 하는 기술에서 데이터로 전환하는 시기로 바뀌고 있었고, 한국도 '87년 전국 전화 가입자 1,000만을 돌파하면서 전화적체를 해소하고 컴퓨터통신이 본격 시작되고 있었다. '87년부터 10년간 추진된 이 사업은 말 그대로 국가의 기간이 되는 분야에서 전산 즉 컴퓨터를 활용하자는 취지에서 시작된 사업인데, 종래 수작업 중심에서 컴퓨터를 활용하여 각종 업무를 처리함으로써 투명성과 공정성을 높여야 한다는 시대적 요구를 수용하여 추진된 사업이다. (1) 정부행정분야 행정전산망, (2) 각급학교와 연구기관을 연결하는 교육연구망, (3) 은행과 금융기관을 연결하여 온라인서비스를 위한 금융망, (4) 국방분야 고도화를 위한 국방망, (5) 경찰 등 공공안전을 위한 공안망 등 5개 전산망을 구축하는 것을 목표로 하고, 이에 소요되는 컴퓨터를 스스로 개발하여 활용하는 방식을 취하여 국내 IT산업 발전의 기폭제 역할을 수행하였다.

인터넷-초고속망 / 모바일: 유비쿼터스

인터넷: 초고속망사업

통신은 과거 편지에서 이제 전자적으로 음성을 교환해주는 단계로 발전했지만, 이는 충분치 않고 새로운 도전이 계속 일어나고 있었다. 특히 데이터를 교환하는 기술 즉 인터넷(WWW)이 1995년 스위스 입자물리연구소(CERN) 팀 버너스리에 의해 소개되면서 폭발적으로 확산되기 시작했다. 미국에서는 클린턴 대통령이 취임하면서 고어 부통령 주도로 '정보고속도로(information superhighway)' 건설이 미래 인프라로 제시되어, 전세계도 새로운 인프라 건설에 나서게 되었다.

한국도 이러한 동향에 즉시 대응해서 '96년 초고속정보통신망 구축전략을 마련하고, 2015년까지 45조원을 투자해서 전국적인 초고속망을 구축하기로 하였다. 하이텔이나 천리안으로 불리던 컴퓨터 통신을 뛰어넘어 당시로는 획기적인 속도였던 1.544 Mbps급 네트워크를 구축하기로 하고, 우선 선도적으로 공공분야에 국가망을 구축하고, 점차 민간분야까지 확대하기로 하였다. 그리고 핵심기술인 광전송기술과 디지털콘텐츠 등 핵심기술을 개발하고, 국민PC 보급, 전문인력 양성, 벤처스타트업 육성을 병행하여 정부 주도에서 시장이 활발하게 참여하는 방식으로 전환하게 되었다. 이를 통해 한국은 세계에서 인터넷을 가장 잘 쓰는 나라로 발돋움하게 되었다. e-Commerce, e-Government 등 e-경제가 본격 등장하게 되었다.

모바일: 유비쿼터스 코리아

2000년대에 들어서면서 정보통신은 유선에서 무선기술로 전환되기 시작하였다. '96년 PCS사업 허가로 이동통신시장에 경쟁이 도입되면서 서비스 경쟁이 치열해지고, 기술도 디지털화되면서 음성과 데이터통신이 융합되는 방향으로 발전하면서 유비쿼터스기술이 새로운 추세로 나타나게 되었다. 이에 따라 2005년 u-Korea전략을 마련하여 추진하게 되었는데,

이는 초고속망사업을 모바일 환경이 도래함에 따라 수정발전시킨 것이다. 2007년 스티브 잡스가 iPhone이라는 스마트폰을 소개하면서 전세계는 유선 중심에서 무선 중심으로 역사가 옮겨가게 되었다.

스마트: AI지능정보사회

스마트: 지능정보사회 또는 제4차 산업혁명

통신기술이 음성에서 데이터로, 다시 유선에서 무선으로 변천해오면서, 다시 새로운 전환기를 갖이하게 되는데, 바로 인공지능(AI) 기술의 발전 덕분이다. 2016년 3월 서울에서 구글이 만든 인공지능 로봇 '알파고'와 이세돌 프로바둑기사가 경기를 펼친 결과 알파고가 승리하면서 전세계는 인공지능의 현실화에 열광하게 되었고, 인공지능기술이 이제는 특수영역이 아닌 보편기술로 자리매김하게 되었다.

한편 세계경제포럼(WEF)은 2017년 다보스에서 인공지능과 같은 새로운 기술이 세계경제 전반을 근본적으로 변화시키는 현상을 보고 있다면서 이를 '제4차 산업혁명'이라고 명명하였다. 수년간에 걸쳐서 학자들과 사업가들과 토론한 결과, 이제까지와는 다른 새로운 경제가 나타나고 있다면서, 19세기 산업혁명 이후 전기가 나타나면서 2차 산업혁명이, '90년대에 인터넷이 나타나서 3차 산업혁명이, 이제는 인공지능을 주축으로 새로운 산업혁명이 일어나고 있다고 발표한 것이다. 이후 전세계는 4차 산업혁명에 대응하기 위한 전략 마련에 부심하고 있다. 한국도 2018년 '지능정보사회 추진전략'을 마련하고, '제4차 산업혁명 추진위원회'를 발족하여 정부와 민간이 공동으로 국가전략과제를 도출하고 다양한 정책을 추진하고 있다.

이제는 AI 전성시대

2022년 말 미국의 비영리기업인 OpenAI사는 챗GPT라는 새로운 AI기술을 선보였는데, 이후 세계는 가히 AI시대라고 할 만큼 혁신이 매일 일어나고 있다. 1년이 지난 2023년 12월 현재 1만 5천개가 넘는 AI서비스가 소개되었고 매일 수십개의 새로운 서비스가 발표되고 있다. 이제 세계는 AI를 잘 사용하는 국가와 그렇지 않은 국가, 또는 AI로 무장한 기업과 그렇지 않은 기업, AI를 사용할줄 아는 사람과 그렇지 않은 사람으로 나누어지고 있다. 다행히 한국은 네이버, LG, KT 등 많은 기업들이 생성형 AI모델을 개발하고 대학과 연구소들이 앞다투어 AI에 대한 투자를 하여 5위 수준의 AI강국으로 자리매김하고 있다.

03

한국 IT 디지털 현황과 도전과제:
무엇이 문제인가?

이 장에서는 구체적으로 우리 IT산업이 현재 어떠한 상황에 처해있고, 문제는 무엇인지 구체적으로 살펴보기로 하겠다.

거시경제와 IT산업

우리나라는 2018년 한 해 동안 5천만 국민이 열심히 일해서 총 1,808조원의 소득을 올렸다. 국민 한 사람당 4천만원 즉 3만달러 정도된다. 그중에서 IT산업이 186조원 즉 10.3%를 차지한다. 즉 한국경제에서 IT부문은 GDP의 10%를, 수출입의 40%를 차지하고 있는 핵심산업이다. 경제성장이 2-3% 수준으로 더디고 무역수지가 적자로 돌아섰지만, IT의 경우 5% 이상 성장을 거듭하고 있고, 무역수지도 500억달러 이상 흑자를 기록하여 국민경제에 많은 기여를 하고 있다. 물론 물가 안정화에도 기여하고 있으며, 일자리 창출에도 기여하고 있으나, IT산업의 특성상 생산액에 비해 고용창출 효과는 크지 않은 편이다. 또한 경제 전반의 혁신을 유발하여 총요소생산성(TFP)에 크게 기여하는 핵심산업으로 평가받고 있다.

한국은행(국민계정 2015년 기준)에 의하면, 2018년 우리나라의 ICT산업 실질 GDP는 185.6조원으로 국내 총생산(실질 GDP 1,807.7조 원)의 10.3%를 차지하고 있다. 전산업의 실질 GDP 성장률이 전년 대비 2.7%로 둔화되었음에도 불구하고, ICT산업 실질 GDP 성장률은 전년 대비 8.3%로 크게 증가(2017년 3.5% 증가)함으로써 ICT산업은 우리나라 경제의 혁신성장에 주도적 역할을 지속하고 있다.

기기장비/소프트웨어/소재부품

IT 장비/단말분야

IT장비는 크게 컴퓨터 같은 정보장비와, 통신서비스를 위한 통신장비, 그리고 방송서비스를 위한 방송장비로 나누어볼 수 있는데, 대체로 우리나라가 취약한 부분이다.

정보장비의 경우 세계적으로 IBM이 중대형 컴퓨터를 내놓은 이래 미국이 은행이나 정부기관, 국방 등 주도권을 가지고 있다. 우리의 경우 '87년 국가기간전산망사업을 미국 톨러런트사의 중형컴퓨터를 도입하여 국산화하려는 '타이컴' 개발사업이 진행되어 기술력을 높이고 전문인력을 양성하는 효과는 거두었으나, 마케팅은 외산장비에 밀려서 고전한 경험을 가지고 있다. 다행히 메모리와 정보처리기술이 급속히 발전되면서 중대형 컴퓨터는 소형화되어 국내 중소기업들도 서버를 생산할 수 있게 되었지만 여전히 외산장비가 국내시장을 차지하고 있는 상황이다.

통신장비는 '80년대까지는 미국이나 유럽의 외산장비에 의존하다가 전자교환기 개발사업 즉 TDX개발사업으로 국산화하고 경쟁력을 갖추어 수출까지 하게 되었고, 이어서 진행된 CDMA 기술개발사업으로 세계 최고수준의 경쟁력을 토대로 장비강국이 되었다. 최근에는 5G기술을 성공적으로 개발하여 새로운 시장을 개척해 나가고 있는데, 중국이나 유럽의 기업들과 치열한 경쟁을 벌이고 있다.

방송장비는 시장 자체가 크지 않아 거의 외산장비를 사용하고 있으며, 방송차량이나 편집장비 등 일부 분야를 제외하고는 여전히 일본이나 미국, 유럽기업들이 주도하고 있다.

단말 즉 디바이스 산업은 우리가 일상생활에서 사용하는 기존의 전화기, PC, 스마트폰 등 단말기(디바이스)를 말하는데, 최근에는 IoT 환경에서 정보통신서비스를 사람과 사물 상호간에 전달하는 지능화된 단말로 변화하고 있다. 디바이스는 특징에 따라 크게 3세대로 구분할 수 있다. 즉, 유선전화기 등

단순연결 위주의 1세대 디바이스, 스마트폰 등 서비스 위치제약을 극복한 똑똑한 2세대 디바이스, 디바이스 상호간 또는 디바이스와 주변 환경이 연동하여 실감·지능·융합형 서비스를 제공하는 3세대 디바이스로 구분된다. 이 중 스마트 디바이스는 유무선 및 근거리 통신기술을 활용하는 3세대 디바이스에 해당하며, 웨어러블 기기, 스마트 음향·영상 가전, 디지털 사이니지, 증강현실기기(AR·VR·MR 등), 구동기기(드론, RF 자동차, 헬기 등) 등 다양한 형태의 제품들을 모두 포함한다.

모든 사람·사물이 연결되는 초연결사회로 본격 진입함에 따라 네트워크에 연동되는 디바이스 수가 급격하게 증가하고 있다. 그중 스마트 디바이스는 센싱, 프로세싱, 통신 등의 기능을 바탕으로 헬스케어, 교통, 안전, 교육, 편의, 산업현장 등 다양한 분야로 확산되고 있다. 스마트 디바이스의 기능이 다변화되고 고성능화됨에 따라 수많은 종류의 제품들이 출시되어 4차 산업혁명 시대에는 개인의 삶과 사회가 지능화할 것으로 전망된다.

스마트폰 중심의 기존 디바이스 산업은 다품종 소량인 디바이스 3.0으로 패러다임이 변화함에 따라 중소·벤처기업 중심의 창의성과 콘텐츠·서비스 중심으로 산업 특성이 변화하고 있다. 또한 스마트 디바이스를 생산하는 방식도 새롭게 변화하고 있다. 아두이노, 라즈베리 파이 등 오픈소스 하드웨어를 이용하여 개인이나 커뮤니티를 중심으로 창의적인 디바이스를 구현하는 사례가 확산되고 있으며, 3D프린터를 활용한 시제품 제작 등 개인 맞춤형 생산 또한 확대되고 있다.

SW분야

소프트웨어(Software, SW)는 컴퓨터가 작동하도록 지시하는 모든 명령과 컴퓨터가 처리하는 모든 데이터를 총칭한다. SW는 목적에 따라 특정 기능을 수행하는 응용SW(워드프로세서 등)와 컴퓨터 하드웨어 동작을 관리하는 시스템SW(운영체제, 디바이스 드라이버, 유틸리티 등), 그리고 응용SW와 시스템SW를 개발하는데 필요한 개발용 SW로 구분할 수 있다. 전통적인 SW산업은 패키지 SW산업과 IT서비스를 그 범위로 한다. 여기에 게임SW와 인터넷 서비스, 임베디드SW, SW유통까지 그 범위를 확장할 수 있다.

장비 즉 HW와 마찬가지로 SW도 외산이 주도해 왔으나, '80년대 말 인터넷 등장과 국가기간전산망사업을 통하여 국내

SW산업이 본격 성장하기 시작하였다. 처음에는 워드프로세서나 통신용 SW가 국산화되기 시작하였고, 점차 시스템SW와 정보서비스분야까지 국내업체가 개발하여 공급하게 되었다.

최근 SW는 모든 산업의 파괴적 혁신을 주도하고 있다. 미국 등 주요 선진국에서는 정보통신산업뿐만 아니라 다른 모든 서비스업과 제조업에서도 SW연구개발 비중이 확대되고 있다. 그 결과, 모든 기업들이 점차 SW기업화(비중 및 의존 확대)되어 가고 있다. SW 세계시장은 현재 고성장 산업인 동시에 시장 집중도가 높은 승자 독식의 특징을 보여주고 있다. 마이크로소프트(Microsoft), 아마존(Amazon), 애플(Apple), 알파벳(Alphabet), 메타(Meta) 등이 시가총액 기준으로 최상위권을 차지하고, 중국의 알리바바와 텐센트도 상위권에 포진해 있다. 세계적으로 SW시장이 클라우드 기반의 서비스로 전환되고 있는 가운데 우리나라 SW기업들도 클라우드(Cloud), 빅데이터(Big data), 사물인터넷(IoT), 가상·증강현실(VR·AR), 블록체인(Block chain) 등의 신사업에 진출하고 있다. SW산업은 4차 산업혁명 시대에 핵심적 역할로 고성장이 기대되고, 제조업에 비해 2배에 달하는 높은 고용효과를 나타내는 분야로 청년 고용환경 개선에 큰 역할을 할 것으로 전망되지만 경쟁력은 뒤떨어진다고 평가된다.

한편 우리나라는 '글로벌 SW 경쟁력지수'에서 평가대상국인 경제개발협력기구(OECD) 26개국에 중국, 인도를 포함한 28개국 중 10위를 기록하였다.

소재부품산업

정부는 ICT 소재 기술개발 지원사업의 일환으로 정부 출연연구원, 대학, 기업 등에서 에너지 저장장치, 퀀텀닷 나노재료, 센서 소자, 이차전지 시스템, 발광소자, 태양전지, 3D프린팅, 리튬-황전지, 광 시냅스 모방소자, 나노선 열전 소자, 청색 OLED 재료, 반도체 핵심 소재, 탄소나노튜브 신소재, 반도체 나노 소자, 하이브리드 방열소자, 유기 트랜지스터 등 다양한 유형의 ICT 소재 기술개발이 이루어지고 있다.

2018년 세계 반도체 시장은 2017년 대비 13.4% 성장한 4,767억 달러를 기록하였다(Gartner, 2019.1.). 메모리가 반도체 매출에서 차지하는 비중은 2017년 31%에서 2018 년 34.8%로 증가하였다. 2018년 세계 반도체 시장에서 한국은

23.5%(2017년 21.5%) 점유율로 반도체 생산 2위를 지속하고 있다. 삼성전자는 2017년과 2018년 반도체기업 매출 순위에서 25년간 선두를 유지해 온 인텔을 제치고 1위를 차지하였다. 그러나 2018년 4분기부터 시작된 D램(RAM) 단가 하락과 미·중 무역마찰의 격화로 인한 수요 감소로 2019년 1분기에는 인텔이 삼성전자를 밀어내고 다시 1위를 차지하였다. 중국은 홍콩을 경유하는 물량을 포함할 경우 전세계 반도체의 60% 이상을 소비하고 있으며, 이는 원유 수입액을 능가하고 있다. 팹리스 등 시스템 반도체는 한국을 크게 앞지르고 있으나, 메모리 반도체는 기술력의 열세로 대다수 수입에 의존하고 있다. 중국은 반도체 수입 의존도를 줄이기 위해 반도체 육성정책 및 대규모 펀드를 조성해 메모리 반도체에 집중 투자하고 있다. D램의 경우 2019년 국유기업인 푸젠진화(JHICC)가 양산에 나설 방침이었지만 미국의 제재로 제품 출시가 불투명한 상황이다. 국유기업인 칭화유니가 2016년 설립한 창장메모리(YMTC)는 2019년 하반기 64단 3D 낸드플래시를 양산할 예정이었으나 아직 완성하지 못하고 있다. 삼성전자는 2016년 12월 64단 낸드플래시를 양산했고, 2018년 5월부터는 90단 이상 제품을 내놓고 있다.

디스플레이의 경우 중국 업체들은 저가 LCD 공세로 세계 시장에서 점유율을 늘리고 있으며 국내 업체들은 여기에 맞서 OLED 등 고부가가치 제품에 주력하고 있다. 금액 기준 국가별 디스플레이 시장 점유율을 보면 한국은 2017년 44.4%에서 2018년 42.7%로 감소했고, 중국은 2017년 21.0%에서 25.1%로 증가했다. LCD의 경우 한국은 2017년 32.9%에서 2018년 29.3%로 감소했고, 중국은 2017년 21.0%에서 25.0%로 증가하는 등 앞으로도 LCD 분야에서 중국의 약진은 계속될 것이며, OLED에서도 대규모 투자와 막대한 내수시장을 기반으로 점유율을 늘려 갈 전망으로 보인다.

정부는 온실가스 감축 및 기후산업 창출을 위해 이차전지 분야 연구개발 (R&D)을 지원하고 있다. 2018년부터 기존 이차전지의 한계점을 해결하기 위한 이차전지 원천기술 개발을 중점 지원하고 있다. 전기자동차(EV)의 주행거리(전지용량) 향상 및 긴 수명성, 충·방전 출력특성, 안전성 등을 고려하고, 기존의 리튬이온전지 문제를 해결하기 위해 차세대 기술인 리튬금속전지 개발 지원을 시작하였다. 이를 위해 관련기술 개발예산을 2018년 60억, 2019년 65억원으로 지속 지원하고 있다. 이차전지의 2018년 대표적인 연구개발 성과로는 리튬 금속 계면에 벤젠링 기반의 유기 피막 형성, 리튬황전지 내 리튬 금속 안정화 연구, 4V 고전압 리튬 이온전지 및 전극 소재 개발 등이 있으나 중국에 비해 시장점유율이 떨어지는 문제를 안고 있다.

콘텐츠 / 정보통신서비스 등

정보통신 서비스분야

정보통신서비스 분야는 통신분야와 방송분야로 크게 나누어 볼 수 있는데, 역사적으로 다르게 발전되어 왔으나 최근 인터넷의 등장으로 융합되고 있다.

통신의 경우 무선분야가 폭발적으로 성장하고 있으나 유선시장은 축소되고 있으며, '90년대 이후 3개 기업이 과점하고 있는 현상이 고착되어 혁신을 저해한다는 지적이 일고 있다. '2019년 4월 3일 세계 최초로 5세대(5G) 이동통신 서비스가 시작되면서, '90년대 미국에서 CDMA기술을 도입하여 세계 최초로 서비스를 시작한 역사를 다시 쓰고 있기도 하다.

인터넷은 사람들간의 소통의 수단으로 활용되고 있지만,

전자상거래, 헬스, 교육, 은행, 투표 등 다양한 분야에 활용되고 있는데, 특히 최근에는 소셜네트워크서비스(SNS)가 활발하게 이용되어 통신이 미디어화되는 현상이 일어나고 있다.

방송의 경우 전통적인 TV방송은 쇠퇴하고 있는 반면, 스마트기술을 활용한 다양한 뉴미디어가 나타나고 있다. 종편이나 케이블도 나름 시장을 만들어 가고 있으나, 최근 IT기술의 발전으로 1인 미디어 등 다양한 형태의 서비스가 나타나고 있다.

전기통신설비를 이용하여 타인의 통신을 매개하거나 전기통신설비를 타인의 통신용으로 제공하는 것을 법률상으로 '전기통신역무'로 정의하고 있는데, 전기통신서비스(통신서비스)는 이의 세부적인 개별 서비스를 말한다(전기통신사업법). 유선전화서비스는 설비제공제도를 통한 가입자망 설비의 직접 구축 필요성을 감소시켰으며, PSTN 교환구간이 IP망으로 대체가 이루어져 IP망을 이용한 유선 음성전화 서비스 제공이 가속화되었으나 이동전화의 유선전화 대체 현상이 지속되고 있다. 시내전화와 인터넷전화 모두 가입자 수가 감소하는 추세이며, 인터넷전화보다 시내전화 감소 폭이 더 커 인터넷전화 가입자 비중이 증가하고 있다. 이동통신서비스는 전파자원의 희소성으로 인하여 사업자 수가 일정 수준으로 제한되고 있으며, 전파 재활용을 통한 가입자의 수용을 확대하고 있으나 한계가 있다. 유무선 대체에 따라 통신서비스 시장은 이동통신서비스를 중심으로 성장하고 있다. 특히 5G 상용화(2019.4.3. 세계 최초)에 따라 이동통신과 타 산업의 융합이 본격화되고 있어 전 산업의 생태계 혁신 측면에서 5G 네트워크에 대한 접근이 중요한 이슈로 부상하고 있다. 우리나라는 세계 최초 5G 상용화를 계기로 「5G+ 전략」(2019.4.8.)을 수립하고, 전후방 산업 육성, 5G와 전산업 융합 등을 통한 글로벌시장 선점을 추진하고 있다. 5G는 자율주행, 무인로봇, 홀로그램 등 그동안 상상 속에서만 머물던 서비스를 현실에서 실현하고, 다양한 산업과 융합을 통해 새로운 혁신과 부가가치를 창출할 수 있으나 보다 경쟁이 활성화될 필요가 있다.

2017년 12월 미국에서 망 중립성 원칙이 폐지된 후, 우리나라에서도 5G 망 투자 및 혁신 서비스 활성화 등을 위해 망 중립성 원칙을 재정립해야 한다는 주장과 그에 대한 반론이 국회, 언론, 업계 등을 통해 제기되었다. 이에 현행 망 중립성 원칙이 새로운 기술·서비스 개발에 명확성과 유연성을 제공하는

지 여부와 재정립 필요성 및 재정립으로 인한 부작용 등에 대한 논의가 필요하게 되었다. 또한 5G 네트워크에 접속되는 단말기의 개수가 크게 증가할 것으로 예상되고 있다. 국민들의 일상생활에서 이동통신서비스에 대한 의존도가 심화되면서 필수재·보편재로서의 성격이 강화되고 있다. 하지만 이동통신시장의 경쟁은 고가요금제에만 집중되고 저가요금제로 확대되지 않는 등 경쟁의 왜곡이 발생하고 있다. 최근 이동통신시장은 데이터 중심 구조로 재편되고 있는데, 이러한 데이터 중심 구조에서 이동통신사는 고가요금제 가입자 유치에 집중, 저가요금제 가입자는 경쟁에서 배제되고 있는 점이 지적되고 있다. 한편 양자정보통신 기술은 최근 발생한 국내외 해킹 사건에 대한 기술적 대안으로 관심을 받고 있으며, 기존 정보통신기술과 융합하여 새로운 통신시장 창출 등 4차 산업혁명에 일조할 수 있는 미래 유망기술로 평가받고 있다. 국내의 경우 2005년 일부 출연연·대학·기업을 중심으로 기초 연구를 진행하였으며 국가 차원의 종합적·실질적 양자정보통신 정책을 위해 법률이 제정되고 국책기술개발사업도 진행되어야 한다.

방송산업은 국가의 경제적 기초를 이루는 기간산업으로서

산업적·경제적 발전에 중대한 영향을 미친다. 더욱이 최근 방송산업 분야는 4차 산업혁명의 핵심기술인 인공지능(AI), 사물인터넷(IoT), 빅데이터 등 광대역 네트워크 기반의 기술 및 서비스와 결합하면서 중요성이 더욱 커지고 있다. 방송산업 분야에서 4차 산업혁명 핵심기술들은 특히 IPTV 서비스 및 관련 제품에 빠르게 도입되고 있다. 이에 가상현실(Virtual Reality, VR) 및 증강현실(Augmented Reality, AR), IoT, 클라우드 기반의 동영상 서비스와 AI 기반 음성인식 기능이 탑재된 케이블 TV, TV 셋톱박스 등이 활발히 출시·업데이트되고 있다.

미국 방송시장은 최근 5년간 케이블TV 등 전통미디어의 약세, OTT(Over The Top)의 약진 또는 강세, 사업자간 인수합병 등 많은 변화를 보였다. 2018년 기준 동영상 플랫폼 가입자 시장 점유율은 대표적 OTT 사업자인 넷플릭스(Netflix), 아마존 프라임(Amazon Prime)이 컴캐스트(Comcast) 등 기존 지배적 케이블TV 사업자 자리를 대신하고 있다. 영국 역시 최근 5년간 넷플릭스, 아마존 프라임 등 OTT 사업자의 영향력이 크게 증가하면서 지상파 방송 플랫폼의 지위가 약화되었다. 방송시장 환경의 변화에 대응하기 위해 BBC 등 전통적 방송사업자들은 OTT 시장으로 진출하고 있다. 한편, 카메라, 디스플레이 및 전송기술 발전에 따라 4K 초고화질(Ultra High Definition, UHD), HDR(High Dynamic Range) 등 고화질·고품질 방송서비스로의 진화가 가속화 되고 있다. 일본 NHK는 2018년 12월 세계 최초로 8K 방송을 개시하고 이를 2020년 도쿄올림픽에서 활성화했고, 글로벌 TV 제조사들은 8K UHD TV 상용화 경쟁에 돌입하였다.

국내의 경우도 인터넷 발달과 스마트기기 보급 증가에 따른 콘텐츠 이용행태의 변화로 인해 신유형 융합서비스인 OTT 서비스의 이용과 영향력이 계속 증가하고 있다. 또한 OTT 서비스가 전체 미디어 산업 내에서 차지하는 비중이 커지면서 기존 방송통신 사업자들도 OTT 서비스에 진출하고 있다. 사람이 실제 육안으로 보는 것에 가깝게 밝기의 범위를 확장시키는 기술로서 실제 존재하는 다양한 밝기를 표현하여 실감나는 영상을 제공하여 4차 산업혁명 환경 및 5G 기술과 방송 기술의 접목에 따른 시너지 효과에 대한 기대가 높아지고 있다.

4차 산업혁명과 관련된 가장 경쟁력 있는 기술이 네트워크 기술이라는 평가가 제시되고 있으며, 5G 기술의 도입은 4G로 인해 보편화된 모바일 콘텐츠 소비 등 미디어 이용을 더욱 활성화하는 계기가 될 것으로 전망되고 있다. 또한 스마트폰, 태블릿 PC 등 개인용 미디어 기기가 확산됨에 따라 시청자들은 기존 TV방송 시청의 시간 제약에서 벗어나 이동성, 실시간성이 제공되는 모바일 동영상을 통해 다양한 방송 콘텐츠를 이용하고 있다. 이와 더불어 인터넷 개인방송(1인 유튜버, 아프리카TV), 동영상 공유 서비스(네이버, 구글, 유튜브), SNS(페이스북, 인스타그램) 등의 확산을 통해 방송 콘텐츠 이용에 있어 시청자의 능동성, 참여성이 높아지고 있어 육성 필요성이 제기되고 있다.

인터넷이 사회 전반으로 빠르게 확산되고 초고속 정보통신기술이 발전함에 따라 5세대 이동통신망과 기가인터넷 등의 서비스를 통해 더 많은 데이터를 더 빨리 전송할 수 있게 되었다. 또한 사물인터넷의 등장과 함께 사물간의 통신 및 연결 관점이 데이터와 서비스 관점으로 그 의미가 확대되고 있으며, 나아가 지능화와 자동화에 대한 개념들이 더해지면서 디지털 트랜스포메이션(DX)과 이를 기반으로 하는 디지털 경제 개념까지로 확대되어 4차 산업혁명의 핵심인프라 기술로 인식되고 있다.

'2018년 인터넷이용실태조사' 결과에 의하면 2018년 현재 우리나라 전체 가구(1,975만 가구) 중 인터넷 접속이 가능한 가구(1,965만 가구)의 비율은 99.5%로 전년과 동일하지만, 전체 가구 수의 증가로 인터넷 이용 가능 가구 수는 22만 가구가 증가하였다. 2018년 만 3세 이상 인구의 인터넷 이용률(최근 1개월 이내 1회 이상 인터넷을 이용한 사람의 비율)은 91.5%로 전년 대비 1.2%p 증가하였으며, 인터넷 이용자 수는 전년 대비 84만명 증가한 4,612만명으로 나타났다. 만 60세 이상 노년층의 인터넷 이용률은 65.4%(인터넷 이용자 수 704만 2천명)로 조사되어 꾸준한 증가세를 보였다. 인터넷 접속은 유선(69.4%)보다 무선(99.7%) 접속방법이 더 많이 이용되고 있다. 무선 인터넷 접속방법 중 '이동전화(스마트폰 포함)를 이용한 무선인터넷 사용'이 99.7%로 가장 높았고, 다음으로 '와이파이 등 특정 범위 내에서 무선인터넷 사용'(85.2%), '이동형 무선인터넷 공유기(에그) 등을 이용한 무선인터넷 사용'(4.1%) 순으로 나타났다. 가구 내 인터넷 접속 기기로는 스마트폰이 94.3%로 가장 높게 나타났으며, 데스크탑 컴퓨터(55.3%), 노트북 컴퓨터(32.1%), 디지털 TV(31.7%) 순으로 조사되었다. 인터넷을 이용하는 목적(1년 이내 기준)으로는 커뮤니케이션이 94.8%로 가장 높았으며, 자료 및 정보 획득(93.7%), 여가활동(92.5%) 등으로 조사되었다. 그 외 홈페이지 등 운영 (59.0%), 교육·학습(49.0%), 직업·직장(25.0%) 등을 위해 인터넷을 이용하고 있다. 이러한 사이버 세상이 실현되면서 이를 위한 단말이나 서비스가 보다 활성화되어야 한다는 문제제기가 있다.

콘텐츠·게임

실감콘텐츠란 디지털콘텐츠에 실감기술(가상현실(VR), 증강현실(AR), 혼합현실(MR), 홀로그램 등)을 적용하여 현실과 유사한 체험이 가능한 콘텐츠를 의미하며, 과학기술정보통신부의 「5G+ 전략」(2019.4.8.)의 5대 핵심서비스 중 하나이다. 특히 실감콘텐츠는 5G 시대 핵심 서비스로 주목을 받고 있다. 몰입감과 사실감을 극대화한 VR·AR, 홀로그램 기반의 실감콘텐츠는 5G 상용화 (2019.4.3.)에 따른 핵심 콘텐츠로 부각 중이며, 미디어와 엔터테인먼트 등 B2C 분야에서 5G 초기시장 성장을 주도할 전망이다. 세계 최초 5G 상용화를 계기로 우리나라는 5G 실감콘텐츠 상용화를 조기에 성공할 수 있는 환경이 마련되었다. 또한 5G 스마트폰의 상용화에 따라 모바일 VR·AR 방송, 대용량 클라우드 게임 등이 활성화될 전망이다. 이 중 VR산업은 4차 산업혁명을 이끌어가는 융복합산업인 동시에 우리 나라에서 글로벌 경쟁력을 갖출 수 있는 미래성장 산업이다. VR 게임 등을 통해 새로운 산업을 만들어 내며, 원천기술 개발과 규제개선 정책으로 산업 생태계를 구축할 수 있다. 5G 네트워크 환경변화에 따라 콘텐츠 서비스도 함께 변화할 전망이다. 스포츠 현장 등을 다양한 각도와 여러 대의 고화질 카메라로 촬영하여 시청자가 현장감을 극대화한 중계 영상 시청을 할 수 있다. 현실을 동일하게 재현해내는 3차원 완전 입체 콘텐츠(홀로그램 영상)를 제공하여 원격지에 위치한 사용자간 실감나는 커뮤니케이션도 가능하다. 그리고 언제 어디에서나 초고화질 VR 게임을 끊김없이 즐기는 것도 가능할 전망이므로 콘텐츠와 게임산업 육성이 요구되고 있다.

빅데이터/인공지능/블록체인

빅데이터는 기본적인 공통적 특성으로 테라바이트(TB, terabyte) 수준의 대용량 데이터 규모(Vɔlume), 정형·비정형의 다양한 데이터(Variety), 실시간 데이터를 처리해야 하는 속도(Velocity) 등 3V를 가지고 있다. 최근에는 분석할 만한 가치가 있는 데이터 인지에 대한 정확성·타당성(Veracity), 동일한 데이터라도 사용자에 따라 다르게 인식되는 가변성(Variability), 수집·분석을 통해 생성된 결과를 쉽게 이해할 수 있도록 하는 시각화(Visualization) 등 새로운 3V의 특성도 그 중요도가 점차 확대되고 있다. 이러한 빅데이터는 특정 분야를 지칭하는 산업을 넘어 경제 및 사회 등 모든 분야에서 발생하는 데이터를 수집·분석하여 새로운 가치를 창출하고, 다양하게 활용하는 기술이다. 경제사회 전반에서 혁신을 주도하는 4차 산업혁명을 견인하는 핵심동력으로서 21세기의 원유로 부각되고 있다. 4차 산업혁명이 가속화됨에 따라 전 세계에서 생성되는 데이터 양이 2018년 33ZB에서 2025년에는 175ZB로 빠르게 성장하여 세계 빅데이터 시장규모는 2018년 420억 달러에서 연평균 11.4% 성장하여 2027년 1,030억 달러로 확대될 전망이다. 한편 글로벌 IoT 시장은 2017년 5,550억 달러에서 연평균 13.7% 성장하여 2022년 1조 529억 달러로 확대될 것으로 예측되고 있다. IoT 시장의 성장이 빅데이터 활용 생태계를 확대하는 추동으로 작용하여 결과적으로 빅데이터 시장의 확산을 촉진할 것이다. 또한 빅데이터는 AI와의 결합을 통해 분석결과의 정확도가 높아지고 사용자의 편의성을 제고함으로써 혁신적인 다양한 서비스시장 창출을 촉진할 것으로 기대된다.

세계 주요국은 빅데이터를 국가 성장의 핵심동력으로 인식, 범정부 차원에서 데이터 경제 활성화를 위해 국가의 자원과 역량을 집중하고 있다. 미국은 「빅데이터 R&D 전략 계획」을 통해 방대한 양의 데이터 수집·처리·관리 및 공유를 위한 빅데이터 인프라 강화를 비롯하여 빅데이터 기술개발, 인력양성 등 빅데이터 생태계를 구축하고 있다. 유럽은 「데이터 경제 육성전략」을 통해 데이터 접근·분석·활용을 강화하여 혁신적인 새로운 데이터 비즈니스 창출에 집중하고 있다. 일본은 빅데이터에 대한 접근성을 강화하기 위해 「미래투자전략 2017」을 통해 5대 신성장 전략 분야에 대한 빅데이터 활용의 기반 인프라를 구축하고 있다. 중국은 「빅데이터 산업발전 계획(2016~2020년)」을 통해 전 산업 발전 촉진을 도모하고 있으며, 특히, 제조업 생산과정에 빅데이터를 전면 도입함으로써 글로벌 빅데이터 선도기업 육성에 역량을 집중하고 있다. 우리나라도 빅데이터가 4차 산업혁명을 견인하는 핵심 동인으로서 산업의 발전과 새로운 가치 창출의 촉매 역할을 하는 '데이터 경제'의 새로운 패러다임 전환을 도모하고 있으며, 빅데이터를 혁신성장과 국민 삶의 질 향상을 실현하는 새로운 기회로 활용하기 위하여 다각적인 정책 및 전략을 추진하고 있다. 빅데이터는 다양한 산업 분야에서 활용이 확대됨에 따라 기존 산업의 가치를 높이고 새로운 시장을 창출하고 있다. 보험, 제조, 금융 등에서 빅데이터를 통해 산업의 효율성 개선과 기업 경쟁력을 강화하는 동인으로 작용하고 있으므로 육성이 필요하다.

AI는 챗GPT 소개 이후 데이터와 미래의 기업과 국가경쟁력을 좌우할 가장 중요한 기술로 인식되고 있다. AI의 발전 속도는 점차 가속화되어, 향후 10여 년간의 변화가 AI 개념이 등장한 1950년대 중반 이후 현재까지 약 60년간의 변화를 압도할 것으로 보인다. 도입 단계에 머물렀던 AI 기술은 현재 실험실 연구수준을 넘어 상용화 단계로 발전하면서, 폭발적인 시장 성장과 다양한 산업의 지능형 융합을 견인함으로써 그 중요성이 날로 증가하고 있다. AI는 ICT 산업뿐만 아니라 금융, 의료, 자동차, 제조, 농업 등 거의 모든 산업 분야에서 혁신을 이끌고 있다. MS, 구글 같은 글로벌 선도기업은 모든 역량을 AI

에 집중하여 기존 비즈니스 모델을 전환하고 신산업을 창출하기 위한 노력에 집중하고 있다. 구글(Google)은 AI기반 검색 최적화, 대화형 AI(Duplex), 고성능 AI 데이터처리칩(TPU), 자율자동차 등 미래 신산업에 활용될 AI기술 확보에 주력하고 있다. 아마존(Amazon)은 AI 기반 클라우드 사업 고도화와 별개로 Amazon Echo, Go 등 새로운 제품과 서비스를 이용하여 신산업을 추진하고 있다. 마이크로소프트(Microsoft), 페이스북(Facebook) 등도 AI 연구개발과 스타트업 인수 합병을 통해 AI 생태계 주도권을 선점하기 위한 경쟁을 치열하게 전개하고 있다. 최근 BCG(Boston Consulting Group)에서 조사한 자료에 따르면 가장 혁신적인 50대 기업의 가장 큰 특징은 AI를 중요한 혁신과 성장의 수단으로 활용하고 있다는 점이다. 가장 혁신적인 그룹으로 분류된 Google, Amazon, Apple, MS, Netflix, IBM 등 ICT 리더뿐 아니라 Boeing, Siemens, Marriott, BP 등 ICT 산업에 속하지 않은 기업들도 AI를 적극적으로 활용하고 있다는 것이다. 조사 대상기업의 90% 이상이 현재 AI에 투자하고 있고, 30% 이상은 3~5년 사이에 자사 산업 분야에서 AI가 가장 강력한 혁신을 이끌 것으로 전망하고 있어 전략적 육성이 요구된다.

한편 세계 각국은 미래 기술과 산업 패권의 중심에 있는 AI의 주도권을 잡기 위해 국가 차원의 전략을 적극적으로 수립하고 있다. 지난 2017년부터 캐나다, 중국, 덴마크, EU, 핀란드, 프랑스, 인도, 이탈리아, 일본, 멕시코, 북유럽 지역, 싱가포르, 한국, 스웨덴, 대만, UAE, 영국 등은 AI의 사용 및 개발을 촉진하기 위한 종합 전략을 발표하였다. 이들 전략은 구체적으로 인력 개발, 기술 및 교육, 공공 및 민간 부문 채택, 윤리 및 포용, 표준 및 규정, 데이터 및 디지털 인프라 등을 포함하고 있다. OECD는 2018년 7월, 'Friends of Going Digital'이라는 회원국 회의를 통해 주요국의 AI 정책 추진 현황을 소개하였다. 본 회의 참가국 가운데 AI 강국은 미국, 중국, 인도, 영국, 일본 등이고 한국은 AI 특허 분야에서 강점을 보이고 있는 상황으로 전략적 접근이 요구된다.

블록체인은 암호화 기술을 사용하여 데이터를 처리하고 이를 위·변조가 불가능한 체인 형태로 연결하여 기록·검증·보관·실행하며, 중개자가 없어도 데이터의 신뢰성 확보를 가능하게 하는 P2P(Peer to Peer) 기반 분산원장 기술(Distributed Ledger Technology, DLT)이다. 4차 산업혁명을 견인할 핵심기술의 하나로 AI, 빅데이터 등이 활용하는 데이터에 신뢰를 부여하고 신성장 산업의 처리 절차를 효율화한다. 초기 생태계는 금융거래 위주로 조성되었으나, 산업 및 서비스 간의 경계를 넘어 의료, 유통, 부동산 등으로 적용 분야가 급격히 확대되는 추세이다. 즉 IoT, 클라우드 컴퓨팅, 빅데이터, 모바일 등 다양한 산업 분야와 결합하며 영리서비스 외 기부, 지식나눔 등 비영리 분야까지 응용 범위를 확산하고 있다. 특히 산업 생태계 전반에서 발생하는 거래 마찰을 감소시켜 계약 과정에서 발생하는 잠재적 비용 및 처리 시간을 단축하는 등 사회편익 증진 효과 및 성장 잠재력이 높아 미래를 바꿀 혁신기술로 손꼽힌다. 비트코인 등장(2009년) 후 블록체인은 통화 발행·유통 및 거래 등 금융 용도에 한해 제한적으로 활용되었으나 스마트 계약 기능이 추가(2015년)된 이후 응용 범위를 확장해왔다. 스마트 계약이란 사전에 지정한 조건에 따라 계약이 자동으로 이루어지는 기능으로 거래의 근간이 되는 계약 체결 및 이행을 돕는다. 게임, 미디어, 소셜서비스, 자산관리, 에너지 관리, 헬스케어 등 블록체인 기반 응용서비스(디앱, Dapps)는 2017년 다양한 분야에서 유의미한 증가세를 보이다 2018년 대폭 성장한 후 현재 2,800여 종에 이른다. 다만, 규모의 성장에 비해 거래소, 도박, 게임 분야 외에서는 실제 이용자 수가 많지 않으며 처리속도 및 용량 등 기술적 한계로 실질적인 산업 적용을 위해서는 개선이 필요한 상황이다. 미국, 유럽, 중국, 일본, 에스토니아 등 주요국은 신원 확인, 화폐 발행, 의료정보 제공, 투표, 치안, 공공서비스 제공, 교통 및 전력 관리 등 공공 인프라 관리에 블록체인을 도입하여 다양한 시범서비스를 시도하고 있으며, 이를 통해 공공부문의 투명성 확보, 행정절차 간소화 등을 추진 중이다.

우리나라는 규제나 제도 정비 미비로 다소 늦게 진입하여 2017년 기준 최고 기술수준 보유국 대비 상대적으로 큰 기술격차(2.4년)를 보이고 있다. 이에 2018년 이후에는 관련 분야의 경쟁력 강화 및 시장활성화 정책을 추진 중에 있으나 디지털 자산의 중요성이 커지는 만큼 육성전략이 요구된다.

정보화/전자정부

IT는 그 자체가 부가가치를 창출해서 중요한 산업이기도 하지만, 이를 활용하는 타부문에 혁신을 유발하는 효과가 크다. 우리나라는 인터넷을 세계에서 가장 잘 활용하는 국가이기도 하지만, 공공분야나 은행, 교육, 복지 등 다양한 분야에서

IT를 잘 활용하고 있기도 하다. UN이나 OECD에서 매년 IT 활용 최우수국가로 평가받고 있다.

전자정부의 경우 '87년 행정전산망사업 이후 꾸준한 투자를 통하여 민원서비스, 조세납부, 전자여권, 투표 등 대국민서비스 수준은 최고 수준이며, IT자원관리도 통합전산센터 운영, EA 등을 통하여 체계적으로 이루어지고 있다. 사이버보안이나 개인정보 보호도 법제도를 마련하여 대응하고 있다. 하지만 정보공개 수준이나 인공지능과 같은 새로운 기술 도입은 도전과제로 남아 있기도 하다.

금융분야에서는 '87년 은행들이 공동으로 출자하여 금융결제원을 설립하여 온라인서비스를 시작한 이래 계좌이체, 송금, 증권거래, 온라인결제 등 금융분야에서 다양한 서비스를 제공하고 있다. 최근 인터넷은행이 허가받아 서비스를 제공하고 있지만, 스마트화·지능화되고 있는 금융서비스 수요에 대응해야 하는 과제를 안고 있기도 하다.

전자상거래 유통분야에서는 쇼핑몰들이 활발하게 활동하고 있으며, 전통시장과 대형매장들이 침체되는 반면 온라인쇼핑은 증가세를 보여주고 있다. 물류분야에서 합리화 노력이 요구되며, 간편결제를 위한 페이기술 도입이 이루어지고 있으나 종래 신용카드를 대체하기는 어렵고, 직구와 역직구관련 제도들이 걸림돌로 작용하고 있는 과제를 안고 있다.

전통적인 농업분야에서 스마트팜이나 지능형어업, 온라인 유통 등 스마트농업이 도입되고 있으나, 구조적인 문제를 풀어나가기에는 한계로 평가받고 있으며, 바이오기술이나 푸드기술과 융합하는 노력이 요구되고 있다.

제조업 분야는 한국경제를 지탱하고 있는 분야이며, 전산화 단계부터 생산관리, ERP, 공장자동화 등 많은 투자가 이루어지고 있으나, 중국이나 브라질 같은 BRICs 국가들로부터 추격을 받고 있으며, 독일의 Industry 4.0 전략 같은 범국가적 차원의 업그레이드 노력이 요구되고 있다.

의료분야에서는 의료보험제도가 일찍 도입되면서 전산화 노력이 경주되고 있는데, EDI나 원격진료 같은 시도는 이루어지고 있으나 ERM이나 법제도적인 애로 때문에 한계를 보여주기도 한다.

학교의 경우 '90년대에 전국 1만 4천여 초중고에 컴퓨터 교실을 설치하여 학교교육에 일찍부터 IT를 접목시키려는 노력이 이루어지고 있으나, 새로운 세대들이 AI나 SW 같은 기술을 조기에 습득하여 활용하는 역량을 갖추어야 한다는 요구는 지속되고 있다.

경찰이나 국방 등 공공안전을 위한 IT활용은 '80년대 국가기간전산망부터 활발하게 이루어지고 있으며, 법원까지 연결하는 형사사법망이 구축되고, u-Army 등 국방분야에서도 미래전에 대비한 노력이 있다. 최근 드론이나 AI와 같은 새로운 위협에 대응해야 하는 과제를 안고 있다.

우리나라는 1990년대 초부터 정보화를 국가 경쟁력의 핵심으로 인식하고 국가정보화의 기반을 마련하였다. 이후 분야별 고도화 과정을 거치고 연계와 통합 그리고 합과 확산의 과정을 단계적으로 거치며 시의적절한 정책을 추진하고 있다. 그 결과 국제전기통신연합(ITU)의 정보통신 발전지수에서 1~2위를 차지하고 있으며, UN 전자정부 평가에서 3회 연속 1위를 차지하는 등 세계 최고 수준의 정보화 강국으로 자리매김했다. 우리나라는 1996년 '정보화촉진 기본계획'을 시작으로 다양한 국가정보화 관련 계획을 실행하였다. 그리고 2008년도에 경제 사회적 이슈와 국가 정보화 패러다임의 변화를 반영한 '국가정보화 기본계획'을 수립, 추진하였고, 이후 환경 변화와 기술 발전에 탄력적으로 대응하기 위해 기본계획을 계속 보완하고 수정하였다. 1994~2002년은 국가정보화의 기반 마련 단계였는데 제도적 기반 강화와 정보화 인프라 구축에 역점을 두었다. 특히 제도적 기반 마련을 위해 정보화촉진기본법을 제정(1995)하고 정보화추진위원회를 구성(1996)하였다. 그리고 범정부 차원으로는 처음으로 국가정보화에 관한 마스터플랜으로 '1차 정보화촉진 기본계획'(1996~2000)과 '2차 정보화촉진 기본계획'(1999~2002)을 수립하여 행정, 교육 등 파급 효과가 큰 분야를 중심으로 국가 정보화를 추진하였고, 초고속 정보통신망을 조기에 구축하여 인터넷 이용의 보편화를 추진하였다. 2003~2007년은 국가정보화의 분야별 고도화 단계로서 각 분야별로 정보화를 추진하였고 전자정부도 구현하였다. G2B, 물류항만, 중소기업 정보화 등 국가 사회 전반의 정보화를 촉진하였으며, 정보화 교육의 기회를 확충함으로써 전 국민의 정보 활용 능력을 높였다. 뿐만 아니라 보편적으로 인터넷에 접근할 수 있는 환경도 마련하였다. 그리고 전자정부를 중심으로 업무의 전자적 처리 기반을 구축하여 정부 서비스에 대한 만족도를 향상시킴으로써 국민이 능동적으로 국정에 참여할 수 있도록 유도하였다.

2008~2012년은 국가정보화의 정보시스템 연계 및 정보 자원 통합 단계였다. 이 단계에서 정부는 각종 정보시스템을 연계하고 통합하였으며 대역 통합망을 구축하는 등 ICT 인프라를 고도화하고 스마트 전자정부를 구현하고 정보 자원을 통합함으로써 세계 최고 수준의 전자정부 국가로 평가받았다.

2013~2017년은 국가정보화의 합·확산 단계였는데, ICT와 타 분야의 합을 통한 서비스 실현을 도모하였다. 빅데이터, 클라우드 등 ICT와 전통 산업 간의 합을 통해 신성장 동력을 발굴하였고, 지능정보사회의 도래에 선제적으로 대응하기 위해 민·관 협력을 강화하였다. 또한, 창의적인 콘텐츠 산업을 육성하기 위하여 인재 양성 및 산업 활성화를 추진하였다.

국가정보화 패러다임의 변화와 다양한 경제적·사회적 이슈를 반영하여 2018년 12월 지능정보사회 구현을 위한 '제6차 국가정보화 기본계획(2018~2022)'을 수립하였다. 또한 기본계획에 따라 인공지능, 빅데이터, 클라우드, 5세대(5G) 이동통신, 사물인터넷, 블록체인 등 지능정보기술을 접목하는 다양한 지능화 선도사업을 사회 각 분야에서 추진하였고 혁신 성장동력을 발굴하고 지능정보사회를 조성하기 위한 정책과 안전한 지능화 기반을 구축하기 위한 정책 등도 수립하여 추진하였다. 2019년 국가정보화 시행계획 규모는 총 6조원이며, 2018년 대비 8.4% 증가하였다. 중앙행정기관은 4조 6,339원을 투자하였으며 지방자치단체는 1조 1,054원을 투자하기로 하였다. 이후 지속적으로 정보화 투자는 이어오고 있으며, 2022년 윤석열정부는 디지털플랫폼 구축을 적극적으로 추진하고 있으나 성과 가시화가 요청된다.

사이버안전

4차 산업혁명 시대 사회안전의 기본으로서 정보보호의 중요성이 더욱 커지고 있다. 전 세계는 인터넷, 컴퓨터 기반의 '정보화' 사회를 넘어 5G 상용화를 통해 비로소 수많은 센서·기기가 연결되고 다양한 융합서비스 제공이 가능해진 '초연결 지능화' 사회로 빠르게 진입하고 있다. 초연결 환경에서 기술 융합 및 신기술 등장으로 발생하는 새로운 사이버 위협에 효과적으로 대응하기 위해서는 인공지능 기반의 보안관제 기술이 요구되고 있다. 현재 국내외에서 사이버위협에 대응하기 위해 인공지능 기술을 보안에 접목하는 연구가 진행 중이며, 유럽연합의 GDPR 등 개인정보보호 강화에 따라 개인정보 비

식별조치 기술에 대한 연구도 활발하다. 사이버 공격은 이제 개인이나 해커그룹이 주도하던 것을 넘어 국가가 개입하고 지원하는 등 조직화·대규모화되고 있으며, 사회 혼란 야기나 사이버테러 등으로 다양화되고 있다. 과학기술정보통신부와 한국인터넷진흥원의 '2018년 정보보호 실태조사' 결과, 기업부문에서는 정보보호 중요성에 대한 인식은 증가했으나, 예산 및 담당 인력 비중은 소폭 감소하였다. 사업체의 16.0%는 정보보호 또는 개인정보보호 정책을 수립하는 것으로 조사되었다. IT 인력 중 정보보호를 담당하는 인력을 보유한 사업체는 11.0%로 전년 대비 7.9%p 감소하였다. IT 예산 중 정보보호 관련 예산이 차지하는 비중은 '1% 미만'이 25.2% 로 가장 높았고, 1~5% 미만(9.2%), 5% 이상(1.8%)의 순으로 나타났다. 사업체의 침해 사고 경험률은 2.3%로 전년 조사 결과와 유사하며, 대부분 침해사고가 경미(69.2%)한 수준으로 발생했으나, 랜섬웨어로 인한 피해(56.3%)가 큰 폭(30.8%p)으로 증가하였다. 국가안보 차원에서 투자가 이루어질 필요가 있다.

개인부문에서는 국민 대부분이 정보보호(96.2%), 개인정보보호(97.3%)를 중요하게 인식하는 것으로 나타났다. 정보보호 및 개인정보보호 중요성에 대한 인식은 남·여 구분 없이 높고, 전 연령대에서도 인식이 높은 가운데 정보보호 인식은 30대(97.3%)에서, 개인정보보호 인식은 10대(98.5%)에서 가장 높은 것으로 나타났다. 침해사고를 세부 유형별로 보면 악성코드(3.4%), 개인정보 유출(1.9%), 피싱·파밍·스미싱 등 금전적 피해(0.6%) 순이며 전체적으로 전년 조사보다 감소하였다. 특히 최근에는 AI기술이 등장하면서 개인정보보호와 윤리 문제가 중요한 아젠다로 제기되고 있으며, EU에서는 별도로 AI법안을 마련하였고, 우리도 권리장전이라는 형태로 윤리문제에 대한 해답을 모색하고 있다.

정보사회

정보사회: 혁신을 위한 법제도 개편

인공지능, 빅데이터, IoT 등 혁신기술 기반의 융합 가속화로 기존 법·제도를 넘어서는 서비스와 제품이 빠르게 등장하고 있다. 신산업 육성 및 글로벌시장 선점을 위해서는 이러한 혁신적 기술 및 서비스가 자유롭게 시장에 진입하도록 하여야 한다. 지금까지 우리나라는 정보사회의 발전을 선도해 나갈 수 있도록 지속적으로 관련 법·제도를 정비·추진해 왔고, 앞으로도 이러한 혁신적 변화에 선제적으로 대응하고 정보통신 분야의 경쟁력을 지 속적으로 유지·발전시키는 것을 입법의 방향으로 삼을 필요가 있다. 1980년대 중반에서 1990년대 중반은 전기통신망 확장과 전산화를 기반으로 정보화가 본격화된 시기로 인프라 구축 및 기반 시설 확장을 위한 입법이 추진되었다. 이를 반영하는 대표적 법률로서 전산망 보급확장과 이용촉진에 관한법률(1986), 전기통신기본법(1983), 소프트웨어 개발촉진법(1987), 전기통신사업법(1991), 전파관리법(1961) 등이 제·개정되었다. 1990년대 중반에서 2000년대 초반은 정보화촉진기본법(1995)의 제정을 필두로 국가사회 정보화와 인터넷 혁명이 본격화된 시기로 국가사회 정보화 촉진과 인터넷 이용, 전자상거래 등 정보기술 활용을 체계적·집중적으로 지원하는 방향으로 법·제도가 추진되었으며, 사이버 침범, 불건전 정보 유통, 정보 격차, 개인정보 침해 등 각종 정보화 역기능에 대비한 법·제도 개선도 추진되었다. 당시 정보통신망 이용촉진 및 정보보호 등에 관한 법률 (2001), 전자정부법(2001), 정보격차해소에 관한 법(2001), 전자서명법(1999) 등의 제정은 이러한 시대적 상황을 반영한다.

2000년대 초반에서 후반에 이르기까지는 광대역통합망(BcN), RFID/USN, 신기술 융합 등을 기반으로 신규 ICT 서비스가 확산된 환경을 반영하여 정보통신기반 보호법(2001), 정보시스템의 효율적 도입 및 운영 등에 관한 법(2005), 인터넷주소자원에 관한 법(2004), 인터넷멀티미디어 방송사업법(2008) 등이 제정되었다. 또한 정보격차해소법과 지식정보자원관리법 및 정보화촉진기본법을 통합하여 국가정보화 기본법(2009)으로 전면 개정하였으며, 행정 정보의 공동 이용과 범정부 EA, 전자정부 서비스의 제공 및 활용, 전자정부 구현을 위한 시책 등을 포함한 전자정부법(2010)으로 전면 개정이 이루어졌다. 그리고 2010년대 초·중반은 모바일 기기 및 융합 기술의 확산, 소셜네트워크 서비스(SNS)의 대중화 등으로 이러한 변화를 반영한 입법적 노력이 지속적으로 이루어졌다. 방송통신발전 기본법(2010), 개인정보보호법(2011), 산업융합 촉진법(2011), 공공데이터의 제공 및 이용 활성화에 관한 법(2013), 정보통신 진흥 및 융합 활성화 등에 관한 특별법(2013)이 제정되었다. 또한, 사물인터넷, 클라우드컴퓨팅, 자율주행 자동차, 핀테크, 드론 등 지능 기반 서비스의 등장과 그에 대한 법적 근거 마련을 위한 입법 노력이 이루어졌다. 이에 따라 클라우드컴퓨팅 발전 및 이용자 보호에 관한 법률(2015), 삼차원프린팅산업 진흥법(2015) 등이 제정되었으며, 자동차관리법(2015), 전자금융거래법(2016), 항공사업법(2016), 스마트도시 조성 및 산업진흥 등에 관한 법(2017) 등이 개정되었다.

2018년과 2019년에는 인공지능, 빅데이터, 사물인터넷을 비롯한 각종 기술 혁신 및 융합 서비스의 안정적 추진을 위한 입법 노력이 이루어지고 있다. 4차 산업혁명의 대표적인 기술인 자율주행 자동차의 상용화를 목표로 자율주행자동차 상용화 촉진 및 지원에 관한 법이 제정되었으며, 글로벌 시장에서 우리나라의 로봇기술 등 산업 경쟁력을 담보하고자 지능형 로봇개발 및 보급 촉진법을 개정하였다. 특히 현행 법·제도 하에서는 신기술·서비스에 맞는 인증·허가 기준이 부재하거나, 기존의 기준·요건을 적용하기 곤란하여 시장 출시가 지연되는 사례가 발생하고 있는 바, 신산업이나 지역별 전략 산업에 대한 규제를 '포지티브(원칙적 금지, 예외 적용)' 방식에서 '네거티브(원칙적용, 예외 규제)'로 바꾸는 것을 주요 골자로 하여 규제자유특구 및 지역특화발전특구에 관한 규제특례법, 산업융합 촉진법, 정보통신 진흥 및 융합 활성화 등에 관한 특별법 등 규제 3법을 개정하였다. 최근에는 AI이슈에 대응하기 위한 별도의 법제도 개편논의가 활발하게 진행되고 있으나 기술발전보다 뒤처지고 있어 개편이 필요하다.

4

한국 AI 디지털 정책 방향: 그렇다면 답은 무엇인가?

한국경제와 IT

그동안 세계 ICT시장 성장률은 세계 경제 성장률과 비교하여 변동성이 높아 세계 경제 상승국면에서는 더 큰 폭으로 성장하고, 세계 경제 하강국면에서는 더 큰 폭으로 하락하였다. 최근의 세계 ICT시장은 세계 경제 성장과 유사한 성장 기조를 보이고 있다.

우리나라는 반도체 등 HW 중심의 산업구조 고착으로 SW·서비스산업의 고도화가 미흡하여 산업 전반의 성장 잠재력이 약화되었다. 2018년 ICT세계시장에서 HW(디바이스, 데이터센터)의 비중은 23.4%이나 국내의 경우 ICT생산 중 HW(정보통신방송기기) 비중은 73.5%나 된다. 특히 2018년 ICT 3

대 품목(반도체, 디스플레이, 휴대폰)의 생산(49.6%) 및 수출(77.4%) 비중이 매우 높으며, 2018년 ICT수출 증가율은 전년 대비 11.5%이나 반도체를 제외하면 -5.8% 수준이다. 한편 ICT 산업 전반에서 중소벤처기업이 주도하는 SW·서비스 중심의 혁신역량 확충도 느린 상황이다.

반도체 호황에 따른 사상 최대의 수출성과(2018년 2,203억 달러, 사상 최초 2,000억 달러 돌파)에도 불구하고 2018년 11월부터 ICT 수출이 감소세(전년 동기 대비 1.7%)로 전환하였다. 2018년 12월 주요 품목 수출을 보면 전년 동기 대비 반도체는 9.2%, 디스플레이는 6.4%, 휴대폰은 34.7% 감소하였다. ICT 기업은 지속적인 양적 팽창에도 불구하고, 질적 성장을 주도해온 고성장기업(3년간 연평균 매출성장률 20% 성장)은 감소 중이며, 대·중소기업의 불균형 구조도 고착화되어 있다.

ICT기술은 세계 최고(미국) 대비 약 83.5% 수준에 머물고 있으며, 혁신을 주도할 핵심 인력의 미스매치(SW 0.7만명 부족, 2017)도 여전하다. 미국 대비 ICT 기술수준(IITP, 2017)은 EU 90.7%, 일본 87.2%, 한국 83.5%, 중국 82.5%이다.

HW는 후방산업(장비·부품)으로의 낙수효과가 부족하고, SW 중심의 고도화가 진행 중인 선진국과 달리, 우리나라 SW산업은 여전히 느리게 성장하고 있는 상황이다. 반도체 장비는 외국에 80% 정도 의존하고 있으며, SW·서비스 비중은 미국 76.1%, 일본 67.4%, 핀란드 64.6%인 데 반해 한국은 29.9% 수준이다(OECD, 2016). 서비스는 사람·기기의 초연결화에 대응한 네트워크 고도화가 주요 이슈로 부상하고 있다. 세계 인터넷 가능 기기 수가 2016년 250억 개에서 2025년에는 1조 개로 증가하고, 모바일 트래픽도 2016년 7EB에서 2021년 49EB로 증가할 전망이다(Cisco). 우리나라는 IPTV 도입 이후 신성장 모멘텀이 부재한 상황이며 통신서비스 매출(36~38조원 수준)도 답보 상태이다. ICT와 산업간 융합이 세계적으로 발전·확산되고 있지만 우리나라는 지능형 기반산업(AI, 빅데이터, 클라우드)의 취약한 경쟁력과 높은 규제 장벽 등으로 혁신적 신비즈니스 확산이 제한되고 있다. AI 기술수준은 미국 대비 78.1%이고(IITP, 2017), 기계학습용 데이터셋은 56위 수준(ODB, 2016)이다. 게다가 상품시장 규제는 OECD 4위, 무역규제는 OECD 1위이다 (2016.5.). 중국을 비롯한 신흥국의 약진으로 ICT Korea의 위상이 도전에 직면해 있다.

중국은 반도체 자급률 개선(2018년 25% → 2025년 70%)에 매진하고 있으며, AI·반도체·양자통신에 2025년까지 82조원을 투자할 계획이다. 최근 일본은 우리나라 수입 비중이 큰 디스플레이 공정 핵심소재인 플루오린 폴리이미드 및 반도체 공정 핵심 소재인 포토레지스트와 고순도 에칭가스 품목에 대해 수출금지 조치를 단행하였다.

한국은행(국민계정 2015년 기준)에 의하면, 2018년 우리나라의 ICT산업 실질 GDP는 185.6조원으로 국내 총생산(실질 GDP 1,807.7조원)의 10.3%를 차지하고 있다. 전산업의 실질 GDP 성장률이 전년 대비 2.7%로 둔화되었음에도 불구하고, ICT산업 실질 GDP 성장률은 전년 대비 8.3%로 크게 증가(2017년 3.5% 증가)함으로써 ICT산업은 우리나라 경제의 혁신성장에 주도적 역할을 지속하고 있다. 2018년 ICT 수출은 최초로 2,000억 달러를, 무역수지는 처음으로 1,000억 달러를 돌파하였다. ICT수출은 2017년 전년 대비 21.6%, 2018년 전년 대비 11.9% 증가하였고, 무역수지는 2017년 전년 대비 31.4%, 2018년 전년 대비 18.6% 증가하였다. 그 결과 2018년 ICT수출 비중은 전산업 수출의 36.4%로 높아졌다. ICT 수출의 높은 성장은 우리나라가 2년 연속 교역 규모 1조 달러를 초과(2018년 1조 1,401억 달러)하는 데 주도적 역할을 하였다. 반도체는 2017년 전년 대비 60.2%나 증가한 997억 달러, 2018년에도 28.6% 증가한 1,281억 달러를 기록하였다. 반도체 수출 사상 최초로 1,000억 달러를 크게 넘어섬으로써 ICT 수출의 58.2%(2017년 50.4%), 전산업 수출에서도 21.2%(2017년 17.4%)를 차지하였다. 2018년 우리나라 수출(MTI 3단위 기준) 10대 품목 중 ICT 품목은 반도체(1위), 평판디스플레이 및 센서(4위), 무선통신기기(9위) 및 컴퓨터(10위)이다. 이들 4개 품목은 우리나라 전체 수출(6,048.6억 달러)의 29.7%(1,794.1억 달러)를 차지하고 있다. 특히 2018년 반도체 수출은 2위인 석유제품 수출의 2.7배 수준으로 지속될 필요가 있다.

정부는 4차 산업혁명 주무부처로서 4차 산업혁명을 주도하고자 핵심인프라(DNA: 데이터(Data), 네트워크(Network), 인공지능(AI)) 구축을 추진하였다. 5G 생태계 선점을 위한 글로벌 경쟁 속에 우리나라(이동통신 3사)는 아주 빠르고, 실시간으로 모든 사물을 연결하는 4차 산업혁명의 핵심 인프라인

5G 서비스를 세계 최초로 상용화(2019.4.3.)하였다. 이에 앞서 우리나라는 5세대(5G) 이동통신 핵심기술을 확보하고, 동글 기반 B2B 5G 이동통신 상용서비스(2018.12.1.)를 통해 세계에서 가장 앞서 실증 레퍼런스를 확보하였다. 스마트폰 기반으로 세계 최초 5G를 상용화한 국가가 됨으로써 세계 5G 시장을 선도할 기회를 창출하였고, 이동통신(장비·단말)을 넘어 융합 신시장(융합서비스, 첨단 디바이스 등)을 선점하기 위해 노력하고 있다. 한편 5G 스마트폰 가입자는 세계 최초 상용화(2019.4.3.) 이후 69일 만에 100만 명 (2019.6.10.)을 돌파한 후 200만 명(2019.8.5.)이 넘었으나 28GHz대 서비스 문제는 지적되고 있다.

우리나라는 2017년 12월 말 기준 2,120만 가구가 초고속 인터넷 서비스에 가입하였으며, 2018년 7월 기준 4,613만 명(만 3세 이상)이 인터넷을 이용(이용률 91.5%)하고 있다. 전체 가구(1,975만 2천 가구) 중 가구 내 모바일 인터넷을 포함한 인터넷 접속이 가능한 가구(1,964만 9천 가구)의 비율은 99.5%이다. 2018년 말 기준 휴대폰 가입자는 5,708만 회선(중복 가입 제외)이며, 이 중 88.9%인 5,077만 명이 스마트폰 이용자이다. 가구당 스마트폰 보유율(2018년 94.8%)은 증가

추세인 반면, 컴퓨터(PC) 보유율은 감소세(2018년 72.4%)가 지속되고 있다.

우리나라는 UN 전자정부 평가, ICT 발전지수, ICT 수출 및 무역수지 등에서 상위권(2~3위)을 유지하고 있다. 그리고 반도체, 디스플레이 패널, 스마트폰, 디지털 TV 등의 주요 품목에서도 상위권(1~3위)을 유지하고 있다. 또한 4G 다운로드 속도 세계 1위 등 세계 최고의 ICT 인프라를 확보하고 있는 한편, 세계 최초 5G 스마트폰 출시 및 5G 상용화에 대한 해외의 벤치마킹과 글로벌 협력이 활발해지고 있어 대응이 필요하다.

IT기술 추세

2000년대 후반에 걸친 기간은 국제 정치·경제적 이슈가 각국의 ICT정책에 지대한 영향을 미쳤다. 국가 차원의 순수한 ICT 육성정책 부분을 제외하면 국가간 정치·경제적 이해관계와 ICT 정책이 불가분의 관계를 갖고 움직인 시기이다. 그만큼 ICT가 글로벌 패권을 좌우하는 핵심적인 협상요소로 자리잡은 것이다. 또한 글로벌 정치·경제의 핵심적인 거래 사안(Big deal)으로 대두되면서 ICT는 국가 주권을 좌우하고 미래의 국가 위상을 결정하는 열쇠 역할을 하고 있다. 이 기간의 대표적인 정치·경제적 이슈로는 미·중 무역 분쟁, 미·EU 무역 마찰, 화웨이 사태, 교착상태에 빠진 브렉시트, 가상화폐 신드롬 등을 들 수 있다. 특히 본격적인 G2 시대를 맞아 글로벌 경제 및 기술 주도권을 둘러싼 미국과 중국의 패권경쟁이 가열되었다는 것이 가장 압도적인 ICT정책 환경요인이었다. 이러한 이슈가 ICT 정책에 영향을 끼친 예를 들면, 화웨이 사태는 데이터 주권 확립과 개인정보호정책에 영향을 주었다. 미·EU 무역분쟁은 글로벌 플랫폼 사업자에 대한 대응으로 사이버보안과 데이터 주권 문제를 부각시켰으며, 디지털세 부과, 빅데이터 유통에 관한 국제규칙 등의 이슈를 촉발하였다. 이러한 과정에서 각 국가는 자국의 이익을 중시하면서 글로벌 ICT정책 이슈별로 동조하는 입장을 취하기도 하고 첨예한 대립각을 세우기도 한 것이 특징이다. 이와 함께 2018년 1월부터 2019년 6월까지 새로운 기술과 비즈니스 모델 등장에 따라 주도권을 확보하려는 경쟁적 정책 동조화 현상이 나타났다. 전통적인 ICT 정책영역에서는 우리나라가 세계 최초로 상용화에 성공한 5G 관련 정책이 많이 이슈화되었다. 최근 수년간 주요 ICT 정책 분야였던 국가 미래전략과 ICT 산업육성 및 활용, 인공지능(AI), 자율주행차, IoT, 스마트시티, 드론, 블록체인·가상화폐, 그리고 R&D 투자 및 규제 샌드박스 등과 관련한 정책들도 비중 있게 전개되었다. 이러한 정책 키워드들이 하나의 큰 흐름을 이루면서 국내에서는 신기술서비스 허용과 기존 산업보호가 충돌하는 현상도 나타났다. 이 외에 플랫폼 패권경쟁이 가속화되는 상황에서 자국의 기업과 국민을 보호하고 국제사회에서 상대적으로 유리한 입장을 확보하려는 기반정책 분야로는 사이버 보안, 개인정보 보호, 망중립성, 저작권법 등이 주요 이슈였다.

미국은 인공지능 분야 선두주자로서의 지위를 유지하기 위하여 AI의 기반을 다지는 조치들을 추진하고 있고, 중국은 「차세대 AI 발전계획」(2017.7.) 실행과 관련한 조치를 내놓았다. 일본은 4차 산업혁명의 핵심동력으로서 AI 추가 활용전략을 발표하였다. 인공지능의 보편화를 대비한 기반으로서 AI 가이드라인 및 AI 표준제정과 관련한 각 국가의 움직임도 활발했다. 핵심기술과 인재 양성, 표준 규범 등의 강화를 위한 기존의 정책으로는 미국의 「국가 AI 연구 및 발전전략」, EU의 「두뇌 계획(The Human Brain Project)」, 일본의 「AI와 빅데이터·IoT·네트워크 보안 종합 프로젝트」 등이 있다.

역사적으로 국가 간 무역 갈등에 ICT가 주요 협상 카드로 활용됨으로써 그 결과가 각국의 ICT 정책과 규제 변화에 신속하게 반영되어 온 경향이 있다. ICT는 실시간으로 국경 간 공급이 이루어지는 서비스일 뿐만 아니라, 광범위한 산업생태계와 국제적 분업구조를 갖는 이 시대의 핵심산업 분야이기 때문이다. 미·중 무역 갈등과 화웨이 사태로 인해 각국은 국가안보를 빌미로 한 새로운 조치들을 내놓았다. 이들 조치들을 보면 사실상 화웨이 사태와 밀접한 관련이 있다는 것을 알 수 있다. 표면적인 사유로는 AI, IoT, 데이터의 국가 간 이동 등과 관련 보안 강화로 나타나고 있으나, 미국과 일본은 중국 기업의 활동을, 중국은 미국 기업의 활동을 제약하려는 의도가 있다. 미국과 일본은 중국 통신장비가 사이버 공격이나 스파이 활동 등에 이용되어 국가 안보와 경제에 심각한 피해를 초래할 것으로 분석하였다. 이에 미국은 국가안보 위협을 이유로 자국 핵심업체 투자나 기업 인수를 추진하는 중국 기업을 견제하고 있으며, 일본은 자국 IT기업에 대한 투자 규제로 중국을 비롯한 해외로의 기술 유출 차단에 나서고 있다. 향후 ICT 선진국들은 기술 유출에 더욱 적극적으로 대응할 것으로 예상되며, 데이터 주권이라는 명제 앞에서 모든 나라가 자국 데이터 보호 조치를 강화할 것으로 보인다.

우리나라는 2019년 4월 3일 이동통신 3사에서 1호 가입자를 대상으로 5G 단말 개통을 완료하며 세계 최초로 5G 시대를 열었다. 현재 세계 각국은 5G 시대를 맞아 5G를 이용한 경제 활성화를 위해 AI, IoT, 자율주행차, 스마트시티 및 실감미디어 등 새로운 ICT 융합시장 창출을 위해 전력을 기울이고 있다. 그동안 선진국들은 5G 서비스 도입을 위한 기본정책 설정 및 주파수 경매 등을 준비해 왔다. 미국은 5G 주도권을 차지하겠다는 의지가 강하며, 일본은 2020년 도쿄 올림픽을 계기로 5G 역량을 극대화할 전망이다. 유럽은 5G를 활용한 거대 디지털 경제권을 구상하고 있는 가운데, 5G 시장 전개과정에서 장비 도입에 대해서는 화웨이 사태가 5G 장비 도입에 상당한 영향을 미칠 것으로 예상된다.

디지털 플랫폼과 정보 유통 관련 정책은 최근에 불거진 세금회피·저임금·개인정보유출·데이터독점 등 불공정한 행위 문제를 반영하고 있다. 따라서 무역분쟁과 밀접하게 연결되어 움직였던 국가 안보 또는 사이버보안 관련 정책과 구분해서 살펴볼 필요가 있다. 주요 정책 키워드로는 디지털 플랫폼의 지배력 규제를 위한 디지털세(Digital Tax), 저작권 및 개인정보보호 등을 들 수 있다. 이미 EU 집행위원회가 구글·애플 등 ICT 다국적 기업 에 막대한 과징금 또는 세금을 부과한 상황에서 거대 플랫폼사업자에 대한 법적 규제는 구글과 같은 미국 기업이 1차 대상이 될 것이다. 이는 저작권 및 프라이버시 보호 등 정보생산과 유통에 관한 규제와 연결된다는 점에서 향후 ICT 시장의 판도에 영향을 미칠 중대 이슈이다.

2000년대 후반 블록체인과 가상화폐에 대한 각국의 정책은 대체로 유사한 방향성을 보였다. 블록체인이 디지털 전환을 이끌 핵심기술로 중시되어 육성정책이 수립된 반면, 가상화폐는 투기자본 진입 차단이라는 측면에서 규제가 강화되었다. 먼저 블록체인 기술은 그 효과적 활용 분야 발굴과 활용을 위한 시스템 구축정책이 다수 발표되었다. 블록체인 기술은 금융에서 시작하여 전력, 공급망 관리, 사물인터넷 등 다른 산업으로의 단계적인 확장과 스마트 계약에의 활용 등 그 가능성이 높게 평가되고 있다. 블록체인이 활용된 사례를 보면 핀테크 분야의 새로운 서비스 제공, 법원에서의 블록체인 적용 증거 채택, 투표 등이 있다. 특히 투표의 경우 미국, 일본, 스위스 등 선진국뿐 아니라 에스토니아, 우크라이나, 시에라리

온, 아프리카 등 세계 각지에서 블록체인의 높은 신뢰성에 주목하며 대선 및 지방선거에 활용한 바 있다. 각국은 블록체인 기술의 수용성과 확장성을 높게 평가하여 블록체인산업 육성 정책뿐만 아니라 관련 표준화, 서비스 및 콘텐츠 규제 등 다양한 정책을 내놓고 있다.

이하에서는 이러한 AI 빅뱅같은 기술변화와 경제적 사회적 요구에 부응하기 위한 대응전략이 무엇인지 이야기 하려고 한다.

대응전략 1: AI 르네상스- DX/DPG

코로나와 전쟁으로 인한 불확실성으로 인하여 전세계 경제는 수요 부족에 직면하고 있다. AI와 DX로 전산업 혁신을 위해 ICT융합 활성화 기반을 강화해야 한다. 이를 위해 규제개선 및 제조융합을 촉진한다. 진입규제 완화 및 규제 샌드박스 적용대상 과제를 적극 발굴·지원하여 융합 서비스를 활성화한다. 그리고 중소기업 스마트 제조혁신 전략과 연계한 빅데이터 플랫폼, 제조특화 지역의 VR·AR 제작거점을 형성하여 제조혁신을 지원해야 한다.

초연결 네트워크(세계 최초 5G 사용화) 기반 위에 AI, 빅데이터 등 지능화 기술과 기존 산업의 전면적 융합(의료, 도시·

농어촌, 교통·자율차, 콘텐츠·미디어 등)을 통한 혁신으로 신산업과 일자리를 창출한다. ICT제도 개선 ICT 규제 샌드박스를 본격적으로 운영하여 대표적인 성공 사례를 매년 10건 이상 창출하고, 「SW 산업 진흥법」을 전면 개정하는 등 ICT 전반의 제도개선을 통해 경제활력을 불어넣아야 한다.

정부는 사람 중심의 포용적 4차 산업혁명 대응을 추구하고 있다. G20 디지털경제장관회의에서도 디지털경제 정책개발에 있어 소외되는 계층이 발생하지 않도록 '사람 중심', '포용성'의 중요성을 강조하였다. 정부는 따뜻한 디지털 포용사회를 구현하기 위해 어린이 대상 스마트폰 과의존 예방교육, 저소득층 학생의 EBS 교육 콘텐츠 무상 이용, 고령층 대상 모바일 활용교육, 발달장애인을 돕는 AI 가정교사, 공공 와이파이(Wi-Fi) 구축 확대 등을 추진해야 한다.

산업부/중기부 중심으로 제조업 활력회복 및 혁신전략을 세워 제조업 중장기 부흥을 통해 세계 4대 제조 강국(수출 규모)으로 도약하고자 수립된 「제조업 르네상스 비전 및 전략」을 발전시켜야 한다. 이를 통해 제조업 부가가치율을 현재 25%

에서 선진국 수준인 30%로 끌어올려 산업 구조를 혁신하고, 제조업 생산액 중 신산업·신품목 비중을 16%에서 30% 수준으로 높이며, 세계 일류 기업을 2배 이상으로 확대하는 것을 목표로 하고 있다. 이를 위해 AI 국가전략 수립, AI 팩토리 5만개 구축 등 산업 지능화를 본격 추진하고, 100대 핵심소재·부품·장비 기술개발에 매년 1조원 투자를 추진한다. 스마트공장 데이터를 축적하여 AI 기반 서비스를 지원하는 데이터 센터를 구축하며 스마트공장에 사용되는 핵심 SW, 로봇, 센서, 장비 등 스마트제조혁신 공급산업을 육성한다. 민간이 주도하고 정부가 후원하는 스마트 생태계를 조성하면서 민간·지역 중심 보급 확산, 스마트 수준 고도화 및 첨단화, 근로자 직무 전환 및 전문성 강화 등을 전략적으로 추진한다. 스마트 공장 5만 개 보급, 선도 스마트산단 10개 조성, 질 좋은 제조 일자리 확보, 그리고 스마트공장 전문인력 10만 명 확보를 목표로 해야 한다.

기존 유선기반의 설비 구축이 5G의 초저지연·초고속 특성으로 무선 대체가 가능해짐으로써 제조생산 라인의 유연성 강화도 가능해졌다. 중소공장은 다품종·소량생산 등 수시로 변화하는 제조공정과 비용 제약을 고려하면 협동 로봇, 클라우드·AI 연계 등을 통한 제조혁신이 필요하다. 우선 5G 기반 무선 스마트공장용 실시간 품질검사(머신비전), 물류이송 로봇, AR 생산 현황 관리 등을 실증하고 '5G 기반 스마트팩토리 얼라이언스'를 통해 기술을 표준화하여야 한다. 5G-팩토리의 거점 산업단지 확산 및 산업별 최적화를 추진하고 5G 기반 스마트공장에 인프라·솔루션을 보급·고도화한다. 5G기반 생산·제조 및 협업로봇 기술을 실증하고, 해당 성과를 토대로 중소벤처기업부 사업과 연계하여 5G 기반 스마트공장 지원을 확대한다. 그리고 중소벤처기업부의 '스마트공장 보급사업' 지원기업을 대상으로 통합정보시스템, 제조공정 모니터링 등에 클라우드를 활용할 수 있도록 이용료를 지원한다. 또한 ICT 기업(5G, IoT, 인공지능 등)과 스마트공장 공급기업 간 네트워크 구축을 위한 협의체인 '5G-Smart Factory Alliance'도 활용하여야 한다.

5G는 차량-차량(V2V), 차량-인프라(V2I), 차량-네트워크(V2N) 등 5G-V2X에 대해 초저지연 통신을 제공하여 긴급상황 정보 공유 등 독립주행 방식의 한계를 극복하게 할 수

있다. 세계적 수준의 국내 자동차 산업(생산량 6위, 2017)과 ICT 기술력 접목을 통해 5G 기반의 자율주행·인포테인먼트 시장기회 창출이 가능하다. 고도 자율주행(level.4) 진입 과정에서 세계 최초 5G 상용화를 계기로 한발 앞선 5G V2X 고도화를 실현함으로써 자율주행 모듈 시장 선점이 가능하다. 2026년 5G-V2X 단말 세계시장 점유율 42% 달성을 목표 로 5G 자율주행 셔틀(판교, 대구) 및 교통약자용 주문형 모빌리티(대구) 실도로 실증과 AI 교차로 서비스 개발·실증을 추진한다. 이를 위해 R&D·실증, 실환경 성능검증, 국제공인시험 등을 통합 지원하는 '5G-V2X 테스트베드'를 조성하고스마트폰과 동작 환경이 다른 차량용 통신모듈, RF부품(안테나 등)의 성능검증에 특화된 5G 기반의 고해상 영상인식을 통해 실시간 제품 품질검사, 로봇과 5G를 연계하여 센서·알고리즘 수행 등 물류이송 로봇, 스마트공장 지원금액을 확대하여 전체 지원기업에서 고도화 기업 비중을 25% 지원하고 Vehicle to Everything: 차량과 차량(V2V)·인프라(V2I)·네트워크(V2N)·보행자(V2P) 간 통신으로 국내 대기업은 기존 텔레매틱스 시장에서 1위를 유지하고, 제조사·통신사 등은 C-V2X 단말기 개발 및 상용화 오픈랩, 차폐실(챔버) 등의 개발 테스트 환경을 구축하고, V2X 기술 검증 및 서비스 개발을 위한 주파수도 공급한다. 5G 차량통신 기술·서비스의 시범도입 및 확산도 추진하고 있다. 자율주행 버스 보급 및 5G V2X 디바이스·서비스의 상용화를 위하여 지자체 C-ITS 구축과 연계한 5G 서비스 탑재 버스 1,000여 대를 보급하고, 5G V2X 상용화와 연계한 신서비스(군집주행, 영상미러링, 원격주행, 정밀측위 등) 개발을 추진한다. 5G 자율주행차 실증 확산을 위해 도심지(대구 수성 알파시티)에 구축된 실도로 환경에서 자율택시(승객 수송), 자율택배(물품 수송) 등 국내 최초 5G를 활용한 대학생 자율주행 경진대회도 개최해야 한다.

또한 2026년까지 다양한 5G 기반 자율주행 서비스의 보급·확산을 목표로 하고 있다. 이를 위해 제한공간(물류센터 등), 공공수요(교통약자 이동지원, 무인치안순찰 등) 및 고밀도 혼잡지역 자율주행 서비스 실증을 추진하고 5G 자율주행 셔틀, 교통약자용 주문형 모빌리티 및 AI 교차로를 개발·실증하고, 특히 자율주행 Level 4 달성을 위한 5G 연계 자율주행 핵심기술 개발도 중점 추진해야 한다. 지자체와 연계한 자율주행·교통인프라 체감서비스 실증을 위해 판교(제로 시티)·대구(수성) 자율주행셔틀 기술검증 및 시범운영을 확대하고 3차원 전자 정밀도로지도를 전국 고속도로에 조기 구축하고 무료로 서비스해야 한다.

5G를 활용한 고화질·대용량·실시간 기반 미래형 드론시장은 기존 군수용(미국)·취미용(중국) 대비 절대 강자가 없는 미개척 시장이다. 향후 드론 시장은 다수 드론 원격조종 자율비행, 비가시권 비행, 고화질 영상 실시간 스트리밍으로 농수산업, 시설물 정밀관리, 원격 통신관측 등으로 활용이 확대될 전망이다. 정부는 2026년 5G 기반 드론 세계시장 점유율 7% 달성을 목표로 하고 있다. 이를 위해 원천기술 확보, 수요창출 및 인프라 구축 등을 추진해야 하고 치안·안전·환경·측량 등 공공서비스와 연계한 '5G 드론' 서비스 R&D 및 실증 사업을 통한 수요 발굴·확산을 추진해야 한다. 우편 배송을 위한 5G 드론을 개발(2919~2021)하고 공공구매와 연계해야 한다. 장거리(10km 이상) 배송기술을 확보하여 도서·산간 등 우편배달이 어려운 지역(91개)에 우선 적용하고 아울러 기 구축 중인 '드론 전용비행시험장' 5개소에 5G 통신·보안 성능 등을 테스트할 수 있는 시험·실증설비(5G 기지국 등)를 구축하고 그

리고 드론의 비가 시권 자율비행 실시간 관제 및 제어가 가능한 교통관리시스템을 구현하고 5G 기반 고도화 개발을 추진한다. 또한 드론 실증 확산을 위한 경진대회를 개최한다. 대학생 드론 경진대회를 5G를 활용한 미션(FHD(Full High-Definition)급 초고화질 영상 전송 정찰 등) 수행으로 확대해야 한다.

5G·AI·클라우드 기술의 결합으로 다양한 비즈니스·생활 영역에서 휴먼케어, 다품종 소량 생산(협동로봇), 재난구조, 원격수술 등 지능형·이동형 로봇서비스 분야 신시장 창출이 가능하다. 주요 5대 분야(교육, 행정, 복지, 의료, 민원)에 대해 5G·AI 기반 공공 서비스 로봇 시범사업을 통해 국민편익 증진 및 사회적 약자 지원을 추진한다. 과학기술정보통신부와 산업통상자원부는 AI 기술과 로봇의 융합을 통한 신산업 창출과 기술경쟁력 확보를 위해 'AI-로봇 융합 원천기술개발'을 지원한다. 한편, 두 부처는 R&D 협업과제로 4차 산업혁명 핵심 분야인 AI-로봇 융합기술 경쟁력 강화를 위한 경쟁형 연구개발을 추진하고, 2026년 5G 기반 커넥티드 로봇 세계시장 점유율 25% 달성을 목표로 5G 커넥티드 로봇 공통 선도기술

을 개발하고, 5G 기반 첨단 제조로봇 실증 테스트베드 구축 및 스마트공장·공공분야(교육·행정 등) 5G 로봇 시범도입을 추진한다

스마트시티는 5G+ 전략산업 육성을 위한 5대 핵심서비스이다. 정부는 혁신의 플랫폼으로서 스마트시티의 글로벌 리더로 도약하고자 5G 기반 스마트시티 조성을 추구하고 있다. 5G 기반의 교통관제 시스템 고도화, 화물차 군집주행, 드론·로봇 활용 배송 등은 교통·물류 분야의 혁신서비스 창출이 가능하다. 우체국 드론 택배는 차로 30분 걸리는 산간지대 배송을 6분으로 단축(2018)할 수 있다. 5G 기반 재난·안전 플랫폼은 고화질 영상 송·수신, 정밀측위 등을 통해 신속한 사고 감지 및 실시간 현장 대응체계 고도화(4K·3D 영상 실시간 전송, 정밀측위를 통한 위치 파악 등)를 실현해야 한다. 정부는 또한 국가 시범도시에 적용 가능한 스마트시티 모델 발굴로 글로벌 혁신사례를 창출하고자 지능형 교통제어·에너지 관리, 치안·방범용(CCTV) 주파수 공급도 검토해야 한다. 정부는 2030년까지 무선 CCTV 기반 지능형 도로안전 지원 서비스 실도로 실증(대전)과 드론 기반 공공시설물의 원격관제 실

증(대구)을 추진하고, 아울러 화재, 건물붕괴, 대형 교통사고(터널, 교량 등) 대응 등 국민 안전을 위한 5G 재난안전 서비스 실증(강원도)을 추진한다. 스마트시티를 위하여 지능형 도로안전 지원을 위한 5G CCTV 보급, 5G 기반 재난안전 서비스의 시범운영 및 전국 확산 등도 추진한다.

정부는 5G 기반 스마트시티를 조성하고자 국가 시범도시와 기존도시를 대상으로 5G 기반 지능형 스마트시티 기반을 구축하고 있으며, 아울러 신서비스 발굴, 로봇 서비스, 글로벌화 등 5G 스마트시티 서비스 발굴 및 실증을 추진해야 한다.

디지털 헬스케어는 '5G+ 전략산업' 육성을 위한 5대 핵심 서비스이다. 5G 활용을 통해 응급의료 등 실시간 대응이 필수적인 서비스의 안전성과 신뢰성을 확보함으로써 의료서비스의 질을 개선해야 한다. 모바일을 통해 건강상태(혈당·혈압·운동량 등)의 능동적 상시 관리를 지원한다. 4차산업혁명위원회 산하 헬스케어특별위원회는 '헬스케어 6대 프로젝트'를 선정하고, 헬스케어특위 위원을 중심으로 관련 전문가 등이 참여한 합동 TF팀을 구성하여 프로젝트별 사업화 모델, 제도개선 과제 등을 추진해 왔다. 5G 기반 디지털 헬스케어 국민체감서비스를 제공(2020~2024)하기 위하여 2024년까지 지역 소방본부·의료기관의 30%에 5G 응급의료서비스를 보급하고, 2025년까지 5G 기반 디지털 혁신병원 플랫폼을 구축한다. 그리고 1차 의료기관용 국민생활 밀착형 서비스도 개발(10대 다빈도 질환)해야 한다. 특히 응급환자의 빠른 응급진단·처치를 지원하는 '5G 기반 AI 응급의료시스템' 개발 및 119구급차·응급의료센터를 보급하고, 의료서비스 혁신을 위해 5G 기반 디지털 혁신병원 플랫폼, 1차 의료기관용 5G 서비스 개발 및 확산을 추진한다. 2019년부터 진행되는 5G 서비스의 국민체감도 제고를 위해 '디지털 헬스케어 체감서비스 연구반' (과학기술정보통신부·보건복지부·소방청·식품의약품안전처 등)을 구성했는데 5G 서비스의 개발·시범테스트·제도개선 방안을 마련하고, 병·의원-대형병원 간 5G 기반 스마트 원격협진 모델을 연구해 나가야 한다.

'바이오+ ICT 융합'은 바이오와 인공지능, 빅데이터 간 결합을 통한 융합기술 개발에 주력해 후발주자인 우리의 경쟁력을 획기적으로 개선할 수 있다. 바이오헬스 산업은 생명공학, 의·약학 지식에 기초하여 인체에 사용되는 제품을 생산하거나

서비스를 제공하는 산업을 의미한다. 의약품, 의료기기 등 제조업과 디지털 헬스케어 서비스 등 의료·건강관리 서비스업을 포함한다. 다른 제조·서비스업과 달리, 바이오헬스 산업은 제품 생산까지 장기간의 R&D 기간이 소요되고, 병원·의사·환자 등 다양한 이해관계자 사이에서 소비되는 특수성이 있다. 정부는 ICT를 융합하여 바이오산업 경쟁력을 강화해야 하고 AI·빅데이터 활용 신약 플랫폼 구축, AI·로봇 융합 의료기기 개발, 국내 전통 천연물을 과학화·스마트화하는 '식물 공장 활용 천연물 혁신성장' 등도 추진해야 한다. 미래의료 선점을 위한 유전자분석 빅데이터 구축 및 유전정보 분석·활용 원천기술 개발도 추진한다. 전 세계 바이오헬스 시장이 표적항암제 등 개인 맞춤형 치료기술 중심으로 발전해 가야 한다.

대응전략 2: 전략기술 개발

AI 같은 핵심 기술을 자주적으로 개발해야 한다. 우리나라는 반도체 등 일부 품목에 편중된 산업구조와 대기업과 중소기업 간 격차 지속 등 취약한 산업생태계가 지속되고 있다. 이에 우리나라 경제에 활력을 주기 위해 반도체 및 스마트폰 등 HW에 편중된 ICT산업 생태계를 혁신하여 ICT산업(HW, SW, 서비스)의 균형성장을 촉진하고, ICT 중소·벤처기업의 고성장화를 지원하고자 「ICT산업 고도화 및 확산전략」을 수립하였는데, 첫째, ICT산업의 미래 먹거리인 지능형 반도체와 6세대(6G) 이동통신 기술개발 등을 통한 주력산업(HW)의 재도약과 함께, 소프트웨어 중심 인력양성 강화, 초연결 지능형 네트워크 고도화 및 규제 샌드박스 등을 활용한 융합 신산업 확산 등을 통해 ICT산업 구조의 다변화를 촉진해야 한다. 둘째, ICT 중소·벤처의 기술혁신 가속화 지원 및 고성장기업 투자 확대를 통한 ICT혁신기업 성장을 지원하고, 혁신거점 조성 및 공공수요 창출을 통한 기업지원 인프라를 고도화한다. 이러한 고도화 전략을 통해 2022년까지 ICT 분야 일자리 10%(2017년 102만명 → 112만명) 창출, ICT수출 20%(2018년 2,203억 달러 → 2,643억 달러) 확대, 고성장기업 수 30%(2016년 380개 → 500개) 증가를 목표로 하고 있는데 지속적인 노력이 요구된다.

정부는 ICT 연구개발 추진방향 및 분야별 세부 계획을 추진하기 위해 연구개발사업 종합시행계획을 수립하였는데 사회문제 해결, 고위험·도전형 기술 축적 등 정부 고유의 R&D 목적을 본격 실현하고, 개방형·상생형 R&D 체계 도입을 활성화한다. 2019년 ICT R&D 종합시행계획 대상사업은 ICT 분야 원천연구(기술개발, 표준화), 기술사업화, 인력양성, 기반조성 등에서 9,153억원 규모로 2018년 9,504억원 대비 351억원 감소(3.7%)하였다. 이 중 2019년 신규과제 예산은 1,942억원으로 ICT를 통한 사회문제 해결 및 중장기적 고위험 핵심기술 축적 등 민간과 차별화된 ICT 기초·응용 및 개발 연구를 위한 R&D를 지원해야 한다. 2019년 기술개발사업 예산 규모는 6,936.6억원으로 2018년 대비 237.2억원, 3.5% 증가하였다. SW 1,100.1억원을 포함 미래통신·전파, SW·AI, 방송·콘텐츠, 차세대보안, 디바이스, 블록체인·융합 등 6대 기술 분야의 사업 예산은 4,474.6억 규모이지만 보다 확대될 필요가 있다.

범부처 합동으로 추진 중인 「4차 산업혁명 대응 계획」의 4대 전략 중 하나가 '성장동력 기술력 확보'이다. 동 계획에서는 4차 산업혁명의 핵심 동인인 지능화 기술역량을 강화하는 동시에 성장동력과 연계하여 맞춤형 집중지원, 연구자 중심의 R&D체계 혁신 등 정부·민간 협력을 통한 국가 미래 기술경쟁력 확보를 목표로 하고 있다. 이에 부응하여 정부는 「I-KOREA 4.0: ICT R&D 혁신 전략」(2018.1.30.)을 수립하여 정부 ICT R&D 투자방향 재편(ICT 핵심기술 축적, 국민생활문제 해결 강화, 기업지원 효율화) 및 ICT R&D 혁신기반 조성(R&D 체계 개편, R&D 생태계 조성, 핵심 기초원천기술 확보)을 중점 추진하고 있다.

중점 추진방향은 연구자 중심의 R&D 지원을 강화하기 위해 ICT 분야도 연구자의 창의적 아이디어를 반영할 수 있는 'RFP 공모제'를 신설하고, 다수 연구자의 기획 참여 촉진을 위해 과제기획위원회 구성 시 공모비율을 55% 이상으로 높이는 등 연구자 친화적인 R&D 기획 프로세스로 개편한다. 기술개발 실패 위험성이 크고 불확실성이 높은 ICT 분야에 대해 기술축적 및 선도가 가능하도록 고위험·도전형 R&D를 확대하며, 우수한 과학기술 연구 성과를 ICT R&D로 후속 지원하는 '연계형 R&D'도 도입하여 과학기술-ICT-시장으로 이어지는 R&D 선순환 구조를 강화해 나가야 한다. 중소기업의 경쟁력 강화를 위한 ICT R&D 지원도 확대해 나간다. 중소기업 주관의 자유 공모과제를 90% 후반으로 확대하여 빠르게 변화하는 시장 환경에 적기 대응할 수 있도록 하며, 자체 R&D가 어려운 유망 중소·벤처기업에 R&D 서비스를 제공하는 'ICT R&D 바우처' 제도도 사업공고기간을 연장하고, R&D 공급기관을 확대하는 등 개선을 추진해야 한다. 또한 ICT R&D를 통해 기술혁신 핵심인력을 양성하고 일자리를 창출함으로써 4차 산업혁명에 적극 대응할 수 있는 기반을 조성한다. 인공지능 대학원 신설(20개), 대학 ICT 연구센터(ITRC) 지속 지원, SW 중심대학 확대(2018년 30개 → 2019년 35개)로 ICT 고급 인재를 양성하고, 4차 산업 주요 분야(인공지능, 빅데이터, 블록체인 등) 관련 선도국의 연구경험을 습득하여 글로벌 인재 양성 및 네트워크를 구축해 나가야 한다.

사물인터넷(Internet of Things, IoT)은 바라보는 관점에 따라 다양하게 정의할 수 있다. 정보통신기술을 바탕으로 모든 사물을 인터넷으로 연결하여 정보를 상호 교환하게 함으로써 다양한 서비스를 가능하게 하는 기반 기술이다. 최근에는 IoT를 기술 자체가 아니라 다양한 분야에서 어떻게 활용할 것인지를 강조하는 방향으로 변화하고 있는 중이다. 또한 상호호환이 가능한 다양한 정보통신 기기와 기술을 활용하여 다양한 사물과 인터넷을 연결해 새로운 서비스와 가치를 만들어내는 활동 및 수단으로 확장되고 있다.

4차 산업혁명 시대를 맞아 사물 인터넷이 안전·환경·에너지 등 산업 및 생활 전 분야에 확산되고 사회 현안을 해결하는데 이용되는 등 사물인터넷 적용이 일상화되고 있다. 우리나라는 필자 주도로 이미 「사물인터넷 기본계획(2014)」및 「4차 산업혁명 대비 초연결 지능형 네트워크 구축전략(2017)」을 수립하고 초연결 선도국가 실현을 위한 다양한 정책과 사업을 추진해 왔다. 스마트시티 실증단지 조성을 비롯하여 사물인터넷 중소기업 사업화 지원, 표준 및 보안 등 사물인터넷 확산을 위해 다양한 노력을 기울이고 있다. 미국은 IoT 기반 사회 구축 제안, 일본은 IoT·빅데이터 시대를 향한 새로운 정보통신 대책, 유럽은 IoT 생태계 구축 등에 초점을 두고 IoT를 육성해 왔다.

IoT기기 수를 확대(2018년 1,865 만개 → 2019년 2,200 만개)하고, 건축 구조물 사고 예방, 건물 및 산불 화재 초기 감지 대응서비스 등 접근이 어려운 환경에도 데이터를 전달할 수 있도록 초소형 IoT를 개발해야 한다. 미사용 주파수를 IoT 용도로 재분배해야 하는데, IoT 확산으로 IoT에 사용될 주파수 자원이 부족해짐에 따라 기존에 사용하지 않던 주파수 대역을 IoT 용도로 재분배하고 있다. 전파 특성이 좋은 1GHz 이하 대역은 무선호출 및 공중 무선데이터 통신서비스용으로 배분되었으나 미사용 중인 11.7MHz 폭의 주파수를 향후 신규 IoT 서비스사업자 및 IoT 자가망용으로 활용해야 한다. 해당 주파수 대역은 319.15~321.0MHz, 322~328.6MHz, 898.65~900MHz, 924.1~924.45MHz, 938.65~940.0MHz 대역인데, 이 이외에도 활용도를 높이기 위해 앞으로 확대해 나가야 한다.

대응전략 3: 미래 핵심인재 양성/일자리 창출

4차 산업혁명의 도래로 ICT를 기반으로 한 지속적인 혁신 성장을 위해서는 창의적 사고를 지닌 인재의 중요성이 점차 커지고 있다. 우리나라는 산업계에서 요구하는 인재상과 교육 시스템을 통해 배출되는 인재 간 격차가 존재하는 등 4차 산업혁명 핵심부문 중심으로 인력난에 직면해 있는 상황이다. 교육 시스템과 산업계 수요 간 미스매치가 심각하고, 지식 전달형 교육으로 창의 인재가 부족해 핵심인재 양성을 위한 시스템 마련이 필요하다. 최근 SW기술이 다른 산업과 융합하여 새로운 가치를 창출하는 디지털변혁이 경제사회의 변화를 가져오고 있다. SW산업은 4차 산업혁명 시대에 큰 성장이 기대되고, 제조업의 2배에 달하는 높은 고용효과를 나타내는 분야로 청년 고용환경 개선에 큰 역할을 한다. 정부는 그간의 정책성과를 기반으로 4차 산업혁명 시대 현장의 새로운 수요를 반영한 정책 추진으로 SW혁신성장을 가속화해야 한다. 미래 핵심 산업인 소프트웨어의 강건한 성장토대를 마련하고자 선도국 대비 취약한 SW 경쟁력을 고려하여 SW중심 인력양성을 적극 확대하고, 혁신적 SW기업의 성장과 가치보장 생태계 조성을 지원해야 한다.

미래 핵심 SW 인재 육성을 위해 Innovation Academy 등 SW 중심 인력양성사업을 대폭 확대(2018년 1,680억원 → 2019년 2,357억원, 677억원 증가)하고, 최고급 인재를 위한 AI대학원(2019년 30억원, 3개), SW스타랩(2018년 22개 → 2019 년 29개)도 확충해야 한다. 대학 SW교육 혁신 가속화 등을 통해 SW인재 양성을 강화하고자 대학 SW교육 혁신을 위한 SW중심대학을 확대 선정(2018년 10개 추가, 상반기 5개 대학, 하반기 지역트랙 5개)하여 나가야 한다. 4차 산업혁명을 선도할 우수 SW인재 양성 및 대학 SW교육 혁신모델의 조기 확산을 위해 SW중심대학을 확대하여 SW실무인력 3만 명을 배출해 나가야 한다.

미래세대를 위한 SW교육 혁신으로 초등학교 SW교육을 전면적으로 실시하고, 학교당 1인 SW핵심교원 양성(1만명) 및 SW교육 선도학교(초·중·고등학교) 확대(2018년 1,641 → 2019년 1,834개교 - 2030년 모든 학교) 등 SW 교육을 강화해야 한다. 학교 안팎으로 SW교육을 지원하고 활성화하기 위해 EBS-SW 교육플랫폼 서비스 운영, SW교육 페스티벌 및 SW온라인코딩파티 등 다양한 체험 및 교육기회도 제공해야 한다.

AI 도입으로 생산성의 비약적 증대, 디지털 역량을 갖춘 기업 중심으로의 산업지형 재편과 더불어 일자리 규모 등 노동 변동성이 심화되고 있다. 2019년 6월 정보통신업(ICT서비스 및 SW산업) 취업자 수는 86만 9천명으로 2018년 6 월 대비 4만명 증가(4.8%)하였고 18개월 연속 증가세를 기록하였다. 정보통신업 취업자 수는 전체 산업(2,741만명)의 3.2%에 불과하지만, 증가 규모는 전체 산업 취업자 증가 규모(28만 1천명)의 14.2%를 차지하고 있다. 전체 산업에서 30~49세 취업자가 줄어든 반면(21.4만명인 1.7% 감소), 정보통신업에 서는 30~49세의 취업자 수가 1만 6천명(3.0%) 증가(54.9만명) 하였다. 이러한 추세에 부응한 청년층 전환교육이 요청된다.

최근 미국, 일본 등을 중심으로 SW, 정보보안 분야 인력 수요가 예상됨에 따라 전문지식과 외국어에 친숙한 한국 청년들의 진출 가능성이 높아지고 있다. 싱가포르는 아세안 지역 스마트시티 네트워크를 선도하고 있으며, 클라우드·사물인터넷 기반 교통·물류·항만시스템 및 보안 분야 국내 정보통신기술(ICT) 기업들에 대한 수요가 높을 것으로 전망되고 있으므로 글로벌 진출지원도 요청된다.

대응전략 4: 스타트업 및 창업 활성화

ICT 중소·벤처기업은 여전히 대기업에 비해 자금, 인력 등 자체 R&D 역량이 취약하다. 그리고 자체 R&D 관련 개발인력 확보 곤란(40.0%), 기술개발자금 부족(39%) 등의 애로사항도 크다. 중소·벤처의 혁신을 이끌 기술력은 세계 최고 대비 약 80% 수준에 머물고 있으며 핵심인력도 여전히 부족(SW 0.7만 명 부족, 2017)한 상황이다. 중소·벤처기업의 양적 팽창에도 불구, 질적 성장을 주도해온 고성장기업(3년간 연평균 매출성장률 20% 증가)은 감소 중(2014년 414개 → 2016년 380개)이며, 중소기업의 생산 비중도 30% 이하로 여전히 낮은 상황이다. 이에 정부는 ICT산업의 위기를 극복하고자 중소·벤처기업 주도의 ICT산업 고도화를 위해 'ICT 연구개발

바우처 사업 확대', 'ICT 혁신성장 트라이앵글(Triangle)' 구축, 이노베이션 펀드 조성, 창업벤처사업개편 및 ICT대기업 연계지원 등 중소·벤처기업의 고성장 토대를 마련하고 있다. 기업 성장에 필요한 프로그램 자율 설계, SW+경영 전문가 멘토링 등 수요자 중심의 맞 춤형 ICT 중소·벤처 고성장화 지원을 위해 'SW 고성장 클럽 200' 기업을 선정하고 있다. 2019년부터 역량 있는 SW 중소·벤처기업 성장에 활기를 더하기 위하여 'SW 고성장클럽 200 사업(2019~2022)'을 추진하고 2019년 4월 60개사(고성장기업 10개, 예비 고성장기업 50개)를 선정하였으며 선정된 기업은 1년간 최대 3억원을 지원받아 마케팅, 제품 글로벌화 등 과제를 자율적으로 추진할 수 있는데 확대될 필요가 있다. 아울러 대기업·투자자 네트워킹, 리더십 코칭을 비롯한 다양한 밀착형 멘토링 서비스도 제공받는데 보다 확대할 필요가 있고 절차적 투명성은 지속 개선해야 한다.

ICT 혁신기업 성장지원을 통해 포용성장 토대를 마련해야 하는데 한국전자통신연구원(ETRI)의 기술혁신 지원역할을 강화하고 중소·벤처 고성장화에 초점을 맞춰 지원체계를 재설계

한다. 중소기업의 성장에 필요한 기술을 전문연구기관(출연연구소 및 대학 등 비영리기관, 연구개발기업 등) 등이 개발·지원할 수 있도록 연 1,400억원 규모의 'R&D 혁신 바우처 사업'을 추진하고, 1.2조원 규모의 'KP Inno 펀드(우정사업본부)'를 조성하여 ICT 고성장 기업으로 도약하도록 지원하고, 지원 효율성 증대를 위해 기존의 개별사업을 통합·연계강화하여 ICT창업·벤처사업(2018년 기준 15개 사업, 770억원)을 재편하고, 민간중심의 상생생태계 조성을 위해 대기업과 연계 지원 정책을 수립해야 한다.

2018년 ICT 창업·벤처기업의 개별 수요를 바탕으로 성장단계 (창업 → 성장 → 해외진출 → 재도전)별로 맞춤형으로 집중 지원하였는데 창업단계에서는 최고경영자(CEO) 출신을 중심으로 한 창업 지도(멘토링)를 제공하고 공모전 개최를 통한 시제품 제작 및 사업화를 지원하였으며, 성장단계기업 대상으로 연구개발(R&D) 및 기술 담보 융자를 공급하였다. 해외 진출을 희망하는 기업에게 법률, 특허, 회계, 마케팅 분야에 대한 전문 컨설팅과 해외 현지 수요를 반영한 투자설명회 등을 지원하였고 과거 실패 경험이 있는 재도전 기업 대상으로 창업단지 입주, 전문교육, 사업자금 지원을 통해 사업 성공률을 높였다. 2018년 ICT 분야 창업·벤처 지원사업(K-Global 프로젝트) 수혜기업들이 창출한 성과를 보면, 일자리수, 매출액, 투자유치, 특허출원 모두 2017년에 비해 증가하였다. 수혜기업(430개)의 2018년 말 기준 재직 임직원수는 4,199명으로 2017년 대비 41.1%(1,224명) 증가하였다. 수혜기업의 78%(336개)에서 신규 고용이 생겨 ICT 혁신기술 기반 스타트업이 일자리 창출에 크게 기여하는 것으로 나타났다.

2018년 매출액은 3,584억원으로 전년 대비 21.1%(625억원) 증가하였고 2018년 매출액 중 해외 매출액은 554억원으로 전체의 15.5%을 차지하였다. 2018년 1,285억원의 투자유치에 성공했으며, 전년 대비 60.8%(486억원) 증가하였다. 그간 투자중심 창업환경 조성 및 벤처 투자액의 지속적인 증가가 기업의 성장을 견인한 것으로 나타났다. 2018년 특허출원건수는 1,392건으로 전년 대비 39.5%(394건) 증가하여 수혜기업들의 독자기술 확보로 경쟁력이 향상되고 있다. 이러한 스타트업 창업정책은 CES 같은 계기에서도 가시적 성과를 나타내고 있으므로 중기부, 지자체, 대기업 CVC 등과 협업도 강화해 나가야 한다.

대응전략 5: 조세/금융 개혁

중소벤처기업들의 애로사항을 조사하면 항상 조세문제와 금융이 지적되고 있다. 스타트업은 창업 초기에 높은 비용 부담과 불확실성으로 인해 어려움을 겪는 경우가 많으므로 각국 정부는 스타트업의 창업과 성장을 지원하기 위해 다양한 조세 지원방안을 마련하고 있다. 스타트업에 대한 조세 지원방안은 크게 세 가지로 나눌 수 있다.

첫째, 창업 초기 기업의 조세 감면이다. 창업 초기 기업은 고용 창출, 기술 개발, 연구 투자 등 경제 발전에 기여하는 바가 크지만, 영업이익이 적어 조세 부담이 큰 경우가 많다. 이에 따라 정부는 창업 초기 기업에 대한 소득세, 법인세, 부가가치세 등 각종 세금 감면을 제공하고 있다. 즉 창업자에 대한 창업 소득 공제, 창업자금 세액 공제와 법인세로 창업자에 대한 창업 소득 비과세, 창업자에 대한 창업자금 세액 공제 그리고 부가가치세도 납기 연장이 가능하고, 농어촌특별세도 감면이 가능할 것이다.

둘째, 스타트업의 투자 유치 활성화입니다. 스타트업은 투자 유치를 통해 자금을 조달하고 사업을 확장하는 경우가 많다. 이에 따라 정부는 스타트업의 투자 유치를 활성화하기 위해 투자에 따른 세제 혜택을 제공하고 있다. 즉 신기술사업투자조합 결성 시 조합원 투자금액에 대한 세액 공제, 창업투자조합 결성 시 조합원 투자금액에 대한 세액 공제, 투자자에 대한 세액 공제, 신기술사업자에 투자하는 개인 투자자에 대한 소득세 공제, 창업자에 투자하는 개인 투자자에 대한 소득세 공제가 있는데 이러한 감면제도 보다 확대될 필요가 있다.

셋째, 스타트업의 해외 진출 지원이다. 스타트업은 해외 진출을 통해 글로벌 시장을 개척하고 성장을 도모하는 경우가 많다. 이에 따라 정부는 스타트업의 해외 진출을 지원하기 위해 해외 진출에 따른 세제 혜택을 제공하고 있다. 즉 해외 진출 자금에 대한 세액 공제나 감면, 해외 진출 소득에 대한 법인세 감면도 가능하다.

스타트업에 대한 조세 지원은 스타트업의 창업과 성장을 촉진하는 데 효과가 있는 것으로 평가받고 있다. 실제로, 정부의 조세 지원을 받은 스타트업의 경우 창업 성공률이 높고, 고용 창출 효과도 큰 것으로 나타났다. 그러나, 조세 지원의 효과를 극대화하기 위해서는 스타트업의 특성을 고려한 맞춤형 지원이 필요하다는 지적도 있다. 또한, 조세 지원의 실효성을 높이기 위해서는 지원 대상과 지원 내용에 대한 지속적인 모니터링과 평가가 필요하다.

다음으로 스타트업은 창업 초기부터 성장 단계까지 다양한 자금 조달 요구가 발생한다. 이에 따라 정부와 민간은 스타트업의 금융지원을 위해 다양한 정책과 프로그램을 운영하고 있다. 먼저 정부는 정책금융기관을 통해 스타트업에 대한 금융지원을 제공하고 있다. 주요 정책금융기관은 한국벤처투자(KVIC), 중소기업은행, 기술보증기금 등이며 이러한 정책금융기관을 통해 스타트업에 대한 정책자금을 공급하고 있다. 정책자금은 금리 인하, 보증료 지원, 대출한도 확대 등 다양한 금융 우대 혜택을 제공한다. 또한, 정부는 스타트업 투자 활성화를 위해 민간 벤처투자를 촉진하고 있기도 한데 주요 정책은

신기술사업금융회사(신기사) 설립, 창업투자회사(창투사) 설립, 벤처조합 결성시 세액 공제 같은 정책을 추진 중에 있다.

민간에서도 벤처캐피털, 사모펀드, 개인 투자자 등 다양한 형태로 스타트업에 대한 금융지원을 제공하고 있다. 벤처캐피털은 스타트업 초기 단계에 투자하는 전문 투자기관으로 스타트업의 기술력과 성장 가능성을 평가하여 투자를 결정한다. 사모펀드는 기관투자자, 개인투자자 등으로부터 자금을 모아 스타트업에 투자하는 펀드인데 벤처캐피털보다 규모가 크고, 다양한 투자 전략을 활용할 수 있습니다. 그리고 개인 투자자는 주식형 펀드, 크라우드 펀딩 등을 통해 스타트업에 투자할 수 있는데 스타트업의 성장 가능성에 대한 높은 기대로 투자를 결정하는 경우가 많다.

스타트업에 대한 금융지원은 스타트업의 창업과 성장을 촉진하는 데 효과가 있는 것으로 평가받고 있다. 실제로, 정부의 금융지원을 받은 스타트업의 경우 창업 성공률이 높고, 고용 창출 효과도 큰 것으로 나타났다. 그러나, 금융지원의 효과를 극대화하기 위해서는 스타트업의 특성을 고려한 맞춤형 지원이 필요하다. 또한, 금융지원의 실효성을 높이기 위해서는 지원 대상과 지원 내용에 대한 지속적인 모니터링과 평가가 필요하다. 정부는 스타트업의 금융지원을 확대하기 위한 정책을 지속적으로 추진해야 하는데, 특히 최근에는 스타트업이 미국이나 유럽, 중동 등 해외 진출 지원을 강화하기 위한 정책을 확대하여야 할 것이다.

스타트업에 대한 금융지원의 효과를 극대화하기 위해서는 다음과 같은 방안이 필요하다. 첫째, 스타트업은 창업 초기부터 성장 단계까지 다양한 자금 조달 요구가 발생하므로 스타트업의 특성을 고려한 맞춤형 금융지원이 필요하다. 예를 들어, 창업 초기 스타트업에는 사업화 자금, 기술개발 자금 등의 지원이 필요하며, 성장 단계 스타트업에는 해외진출 자금, 인수합병 자금 등의 지원이 필요하다. 둘째, 금융지원의 실효성을 높이기 위해서는 지원 대상과 지원 내용에 대한 지속적인 모니터링과 평가가 필요하다. 예를 들어, 지원 대상의 적정성, 지원 내용의 효과성 등을 지속적으로 평가하여 정책의 개선 방안을 마련할 필요가 있다. 셋째, 정부의 금융지원만으로는 스타트업의 창업과 성장을 촉진하기에 한계가 있으므로 민간 투자 활성화를 위한 정책도 필요하다. 예를 들어, 벤처캐피털의 투자에 대한 세제 혜택 확대, 사모펀드의 투자 규모 확대 등의 정책을 추진할 필요가 있다.

이에 더하여 디지털자산의 중요성이 커지고 있으므로 ICO를 허용하고, 디지털 자산 활성화방안을 마련해야 한다.

대응전략 6: 글로벌 시장 개척

이미 정부는 「5G+ 전략」을 통해 5G 기반 신산업 제품·서비스의 해외 진출을 적극 지원하고 4차 산업혁명 관련 산업을 새로운 수출동력으로 육성하고 있는데 우선 대·중소기업 동반 진출, 현지화 지원 등 해외진출 지원을 통한 우리 5G 기술·서비스의 글로벌화, 민·관 협력을 통해 우리 기술·실증성과를 5G 국제표준에 반영하는 등 글로벌 5G 표준화 선도를 통해 우리 기술의 경쟁우위를 선점하고, 세계 최초 5G 상용화 경험을 바탕으로 국가간 협력과 연계한 글로벌 진출을 가속화해야 한다.

국제협력과 연계한 해외진출 지원을 위해 주요국 교두보를 확보하여 신시장을 개척하고, ODA·국제교류를 통한 5G 글로벌 리더십을 확보한다. KIC(Korea Innovation Center)와 해외 혁신기관 간 인터내셔널 얼라이언스를 통해 유망기업의 거점 투자유치도 확대 지원해야 한다.

대통령 해외 순방과 외국의 방한을 활용하여 과학기술·ICT 정상 외교를 강화하고, CES, MWC, G20, OECD 등 국제기구 참여를 통해 5G, 인공지능 글로벌 의제를 선도하고, 과학기술 ODA 활성화와 천연물, 백두산 등 민간차원의 학술연구 지원이 요청된다.

대통령의 미국, 유럽, 중동 순방 시 세계 최초 5G 상용화 경험을 공유하고, 4차 산업혁명 MOU 등 다양한 활동이 필요하다. 세계 최초 5G 상용화를 달성한 국내 통신사에 대한 글로벌 기업의 벤치마킹 및 비즈니스 협력 논의도 활발히 진행되고 있다. 싱가포르 정부 및 글로벌 기업 경영진(러시아·남아공·일본·영국 등)이 국내를 방문하였으며, SKT는 MS·도이치텔레콤(독일)·싱텔(싱가포르)과 5G 신사업 협력을 위한 MOU를 체결하였다. 지능정보사회 윤리헌장 확산 및 AI윤리 관련 글로벌 논의에 적극 참여해야 한다. 또한 5G 상용화에 따라 실감 한류콘텐츠 기술개발 지원을 강화하고, 문화콘텐츠, 관광, 스포츠 등의 분야에서 '5G+ 한류' 콘텐츠 서비스를 발굴·

확산해야 한다.

정부는 공동번영을 위한 과학기술·ICT 외교를 확대·추진하고 국내 ICT 기업의 해외진출 지원을 위한 IT지원센터 구축 등 협력거점을 확대하고, 민간 학술대회도 지원해야 한다. ICT의 ODA 확산을 통한 글로벌 동반성장 기여 및 개도국과 파트너십을 강화하고, ICT 기반구축 프로젝트로 추진해야 한다.

대응전략 7: 공공조달 혁신

IT산업정책에 있어 조달의 역할은 매우 중요한데, WTO 체제하에서 특정산업을 육성하기 위한 보조금 지급은 허용되지 않기 때문이다. 세계 각국은 조달과정에서 다양한 형태의 인센티브를 통하여 산업진흥을 도모하고 있다. 우리의 경우도 신기술 우선구매 같은 제도를 활용하고 있지만 좀더 세밀한 노력이 필요하다.

새로운 혁신기술은 기존의 기술과는 차별화된 기술로, 사회·경제적 변화를 가져올 수 있는 잠재력을 가지고 있다. 그러나, 새로운 혁신기술은 아직 초기 단계에 있어 시장에서 충분한 검증을 받지 못하는 경우가 많다. 이에 따라, 정부는 새로운 혁신기술의 개발과 시장 진입을 지원하기 위해 공공조달을 활용하고 있다. 왜냐하면 공공조달은 새로운 혁신기술에 대한 효과적인 지원 수단으로 평가받기 때문으로 새로운 혁신기술은 기존의 기술과 경쟁하기가 쉽지 않다. 그러나, 공공조달을 통해 새로운 혁신기술은 정부로부터 안정적인 수요를 확보할 수 있다. 이는 새로운 혁신기술의 시장진입 기회를 확대하는 데 기여한다. 공공조달을 통해 새르운 혁신기술은 개발과 사업화에 필요한 자금을 확보할 수 있다. 이는 새로운 혁신기술의 개발과 사업화를 촉진하는 데 기여한다. 또한 공공조달을 통해 새로운 혁신기술은 경쟁을 통해 기술 경쟁력을 강화할 수 있다. 이는 새로운 혁신기술의 발전을 촉진하는 데 기여한다.

정부는 새로운 혁신기술에 대한 공공조달 지원을 확대하기 위해 다음과 같은 방안을 추진하고 있다. 우선 정부는 새로운 혁신기술의 조달 참여를 확대하기 위해 조달요구서에 혁신기술의 참여를 위한 평가항목을 도입하고 있다. 또한, 혁신기술의 참여를 촉진하기 위한 세제 혜택 등을 제공하고 있다. 둘째로 새로운 혁신기술의 조달 실적을 우대하기 위해 조달 평가 시 혁신기술의 조달 실적을 가점하는 등의 방식을 도입하고 있다. 이는 새로운 혁신기술의 시장 진입을 촉진하는 데 기여한다. 셋째로 정부는 새로운 혁신기술의 수요를 발굴하기 위해 혁신기술 수요 조사를 실시하고 있다. 또한, 혁신기술의 수요를 창출하기 위한 정책을 추진하고 있다. 앞으로도 정부는 새로운 혁신기술의 개발과 시장 진입을 지원하기 위해 공공조달을 더욱 확대해야 하며, 특히, 최근에는 인공지능, 빅데이터, 블록체인 등 4차 산업혁명 관련 혁신기술에 대한 공공조달 지원을 강화하여 새로운 혁신기술의 성장과 발전에 기여하는 데 공공조달이 중요한 역할을 해야 할 것이다.

새로운 혁신기술에 대한 공공조달 지원의 효과를 극대화하기 위해서는 다음과 같은 방안이 필요하다. 첫째로 새로운 혁신기술은 기존의 기술과는 다른 특성을 가지고 있다. 이에 따라 공공조달 지원 방안을 마련할 때에는 새로운 혁신기술의 특성을 고려할 필요가 있다. 예를 들어, 새로운 혁신기술은 아직 초기 단계에 있어 시장에서 충분한 검증을 받지 못하는 경우가 많다. 이에 따라 공공조달을 통해 새로운 혁신기술의 개발과 사업화를 촉진하기 위한 지원이 필요합니다. 둘째 공공조달은 시장 수요와 연계되어야 합니다. 새로운 혁신기술은 시장에서 충분한 수요가 있을 때 성공할 수 있다. 이에 따라 공공조달을 통해 새로운 혁신기술의 시장 수요를 창출하기 위한 노력이 필요합니다. 셋째로 공공조달 지원의 효과를 높이기 위해서는 지속적인 평가와 개선이 필요하다. 예를 들어, 지원 대상의 적정성, 지원 내용의 효과성 등을 지속적으로 평가하여 정책의 개선 방안을 마련할 필요가 있다.

대응전략 8: 기술기준/표준화 대응

ICT 표준은 ICT 제품·서비스 간 상호운용성을 확보하여 ICT 시스템·단말·서비스 간에 정보 교환 및 처리 등의 통신이 가능케 하는 규격으로, ICT 시스템·단말·서비스에는 ICT 표준이 필요하다. 즉, 대부분의 ICT 제품 및 서비스는 표준 구현의 결과물이다. 또한 ICT 표준은 사업자 간 상호운용성 및 공정경쟁에 영향을 미치는 한편, 연구개발(R&D) 결과를 상용화하고, 글로벌시장 선점 및 확대, 무역기술장벽(Technical Barriers to Trade, TBT) 해소로 연결하는 가교 및 전략적 도구 역할을 함으로써 사회, 경제, 국가경쟁력에 영향을 미친다는 점에서 중요성이 매우 높아지고 있다. ITU(국제전기통신연합), ISO(국제표준화기구), IEC(국제전기기술위원회) 등 국제공식표준화기구의 국제표준이 글로벌 무역에서 규범 역할을 하고 있다. 최근 ICT 표준은 ICT 융·복합 현상에 따른 혁신의 촉매제로서의 가치 또한 부각되고 있다. 표준화는 단일제품·서비스 중심에서 기술과 산업 간 연결(상호 운용성) 및 융합(서비스 혁신)의 방향으로 패러다임이 전환 중이며, 이에 따라 국제전기통신연합(ITU), 국제표준화 기구(ISO), 국제전기기술위원회(IEC) 등 세계 3대 표준화기구에서도 다양한 ICT 융합서비스에 대한 효율적인 표준화 대응을 위해 표준프레임워크 개념을 도입하는 추세이다.

세계적으로 4차 산업혁명 핵심기술 분야인 5G, IoT, AI 등이 각광받게 됨에 따라, 관련 표준에 대한 관심 및 필요성이 높아지고 있다. 이동통신 분야 사실표준화기구 3GPP는 2017년 12월 5G 종속 모드(Non-Stand Alone, NSA) 기술 및 2018년 6월 단독 모드(Stand Alone, SA) 기술에 대한 표준을 승인하였다. 또한 3GPP는 5G 네트워크를 IoT, 자율주행차 등 다양한 분야에 최적화하기 위한 표준화를 추진 중이며 고속화된 5G+서비스 도입을 목표로 하고 있다. 5G 상용화를 위한 1차 표준화(Release 15)가 완료(2018.6.)되고, 자율주행·스마트공장·스마트시티 등 신규서비스 요구사항·시나리오 반영 등 다양한 융합서비스를 지원하는 2차 표준화(Release 16)가 진행 중(2020.3.)이다. 이에따라 주요국들은 자국의 ICT 산업 보호 및 글로벌 시장 선점을 위하여 ITU, ISO, IEC 등 국제공식표준화기구와 3GPP(국제이동통신표준화기구), IEEE(국제전기전자학회) 등 사실표준화기구에서 자국 기술 중심의 표준화 주도를 위해 각축전을 벌이고 있다. 또한 이들은 ICT 산업 발전, 국제 경쟁력 강화를 위해 국가적 차원에서 ICT 표준화를 전략적으로 추진하고 있다. 미국은 민간 중심의 표준화를 추진중인데, 정부의 표준화 촉진 전략·제도를 통해 산업체의 표준화 활동을 국립표준기술연구소(NIST))에서 시장 형성 전 스마트그리드, 클라우드 컴퓨팅, 스마트시티 등 주요 분야 표준화를 선점하고자 하고 있다. 유럽과 일본, 중국도 전략적으로 정부-민간 협력 표준화 활동을 지원하고 있다.

4차 산업혁명의 혁신 효과에 대한 기대가 높아지고 IoT 서비스 확대에 따른 다양한 ICT 기기가 출현하면서 전파 수요가 급증하고, 전자파 안전에 대한 우려가 높아졌다. 이와 더불어 공익 및 사회안전 필요성에 대한 인식이 높아지고 다양한 ICT

서비스가 증가하면서 ICT 상호운용성 확보의 중요성 또한 높아지고 있다. 이러한 환경변화와 더불어 국민 생활의 질을 높일 수 있는 기술 표준화, IoT 환경에서 한정된 전파자원의 이용 효율성을 높이고 전자파로부터 내성을 갖도록 하는 전자파 적합성 관련 기술의 표준화, 장애인·고령자·어린이·여성 등 취약계층의 공공안전·편익을 증진하는 ICT 기술·서비스 표준화, ICT 상호 운용성이 확보된 가운데 서비스 개발비 등 비용 절감과 사용자 편의성 증대가 가능한 표준화를 추진해야 한다. 그리고 표준특허 확보를 위해 기술개발 기획 단계부터 국제표준과 특허 연계를 고려해야 할 필요성도 있다

대응전략 9: 新방법론 – 혁신경영 Innovation Management

*참조: ISO56000 혁신경영 표준의 활용성 연구, 2022.11, 이노베이션포럼

앞에서 제시한 8개 디지털 국가전략 외에 중요한 또 하나의 전략은 바로 새로운 AI 디지털 혁신 방법론이 필요하다는 것이다. 4차 산업혁명이 진행되면서 지금까지 디지털 전환사업을 수행하면서 사용했던 방법론에 대한 문제가 지적되었다 특히 ISO에서 집중적인 논의가 이루어졌다. 기술 그룹 Technical Committee(TC) 279가 그것으로 ISO/TC279 활동의 뿌리는 2008년 스페인의 발의로 구성된 CEN/TC389이며, CEN은 유럽의 표준기구로서 CEN/TC389는 2013년 CEN-16555 Innovation Management System 표준을 제정한 이후 ISO를 통한 범세계적 표준화 활동으로 바뀌어 2013년 12월 프랑스 파리에서 첫 번째 ISO/TC279 총회가 개최되었다. 현재 운

영되는 ISO/TC279의 체계는 다음과 같다.

〈표1〉 ISO/TC279 체계

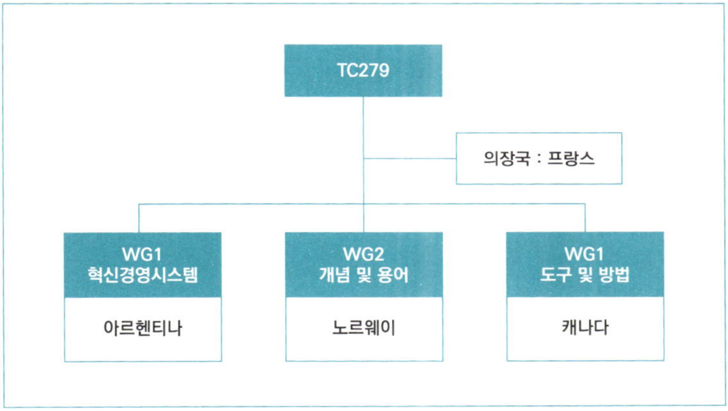

(출처: TC 동향보고서:TC 279 혁신경영)

TC 의장국은 프랑스 AFNOR이고 의장은 M Johan Claire (프랑스, 임기: 2024년 말까지)이다.

〈표 2〉 ISO/TC279 Working Group 및 컨비너

WG	컨비너 성명	직책	국가
WG-1	Leopoldo COLOMBO	컨비너	아르헨티나
	Markus Bensnes	TG-2 리더	노르웨이
	Victoria Milne	TG-3 리더	영국
WG-2	Magnus HAKVAG	컨비너	노르웨이
WG-3	Irene MAKAR	컨비너	캐나다
	Jonathan Knight	56007 리더	영국
	Sorin Cohn	56008 리더	캐나다

그리고 참가국(2022.8월 기준)은 회원국 P-member국이 52개국, 업저버 O-member국이 18개국으로 총 70개국이 참여하고 있다. 또한 많은 국제기구들도 참여기관(Liaison)으로 활동하고 있기도 하다.

〈표 3〉 ISO/TC279 참여기관 현황

기관 약호	기관명	카테고리
CERN	European Organization for Nuclear Research	A
EPO	European Patent Office	A
FICPI	Fédération Internationale des Conseils en Propriété Intellectuelle	A
ISPIM	International Society for Professional Innovation Management	A
LESI	Licensing Executives Society International	A
OECD	Organisation for Economic Cooperation and Development	A
The World Bank	The World Bank Group	A
UNDP	United Nations Development Programme	B
UNESCO	United Nations Educational, Scientific and Cultural Organization	A
UNIDO	United Nations Industrial Development Organization	A
WIPO	World Intellectual Property Organization	A
WTO	World Trade Organization	A

한국에서도 박영민박사(이노베이션 프레임워크 대표) 외 전문가 10명이 참여하고 있다. 지금까지 ISO/TC 279가 수행한 분야별 표준개발은 다음과 같다.

- ISO 56000: 2020 혁신경영 기초 및 어휘, 혁신경영의 전반적 기초 개념 설명, 혁신경영 전체 어휘 설명
- ISO 56001 혁신경영 요구사항 - 현재 개발 중
- ISO 56002 혁신경영시스템 - 혁신경영 표준의 핵심으로
- ISO 56003 혁신경영 파트너쉽
- ISO 56004 혁신경영평가 - 사용자가 혁신경영 평가를 수행하는 것이 유익한 이유, 평가대상, 수행방법, 결과를 극대화하기 위해 적용
- ISO 56005 지식재산관리 - 혁신경영 내에서 지식재산의 역할을 지원하기 위한 지침을 제안, IP 관리와 관련된 문제를 전략 및 운영 단계에서 해결, 조직의 혁신을 지원하는 IP 전략 수립, 혁신프로세서 IP 관리 구축, 효율적인 IP 관리를 지원하기 위해 일관된 IP 도구 및 방법 적용
- ISO 56006 전략적 인텔리전스 관리는 조직의 혁신 활동뿐만 아니라 비전, 전략, 정책 및 목표에 영향을 미치는

의사결정의 권장 사항을 통해 최고 경영진에게 제공되는 인텔리전스를 관리

주요 전략적 인텔리전스 주기는 DIKI 모델이며, DIKW(데이터, 정보, 지식, 지혜) 피라미드를 적용

전략적 인텔리전스 프로세스의 구현에는 DIKI 모델을 지원하기 위해 데이터 마이닝, 분석, 인공지능, 기계 학습, 예측기술, 환경 스캐닝, 기술 감시, 민족학 연구와 같은 다양한 도구와 방법이 요구됨

- ISO 56007 도구와 방 - 아이디어 관리
- ISO 56008 도구와 방법 혁신운용 측정
- ISO 56010 56000 예시
- ISO 56002 핸드북

그리고 이를 타 경영시스템 표준과 비교해보면 다음과 같이 볼 수 있다.

〈표 4〉 주요 ISO 경영시스템 표준 목차 비교

조항	품질(9001)	환경(14001)	안전(45001)	혁신(56002)
개요	0	0	0	0
적용범위	1	1	1	1
인용표준	2	2	2	2
용어정의	3	3	3	3
조직상황	4	4	4	4
리더십	5	5	5 리더십 및 근로자 참여	5
기획	6	6	6	6
지원	7	7	7	7
운용	8	8	8	8
성과평가	9	9	9	9
개선	10	10	10	10

TC279가 수행한 여러 표준 중에서 핵심인 ISO 56002 혁신경영시스템의 내용은 다음과 같다.

우선 고유 내용 이해에 필요한 핵심 용어를 정의하고 있다.

- 혁신: 혁신이란 신규 또는 변경된 실체, 가치 실현 또는 가치 재분배.

  여기서 실체는 제품, 서비스, 프로세스, 모델 방법 등 다양함.

  혁신의 참신성과 가치는 조직 및 관련 이해관계자의 인식과 관련.

- 혁신경영: 혁신과 관련해서 조직을 지휘하고 통제하기 위하여 조율된 활동.
  혁신경영에는 혁신비전 수립, 혁신정책 및 목표, 혁신전략, 혁신프로세스, 혁신계획, 혁신운영, 성과평가, 개선 및 개선을 통해 이런 목표를 달성하기 위한 체계, 역할, 책임, 지원 및 기타 활동이 포함
- 혁신 프로세스 : 혁신과 관련된 프로세스로 의도를 가치로 변환하는 프로세스
  혁신 프로세스는 의도한 결과대로의 혁신을 하는데 불확실성을 관리하도록 설계됨.
- 파괴적 혁신: 초기에는 수요가 적지만 기존 제공물을 교체하는 혁신

다음으로 조직의 혁신역량 필요성을 설명하고 있다.

〈표. 5〉 조직의 혁신역량

조직의 혁신 역량은 지속적인 성장, 경제적인 생존 능력, 웰빙 증진 및 사회 발전의 핵심 요소로 인식되고 있다.

출처: ISO 56002 개요 0.1 일반사항

- ISO 56002 혁신경영시스템에서 조직의 혁신 역량을 지속가능 성장, 경제적 생존능력, 웰빙 증진, 사회발전 4 가지 핵심요소로 간주
- 조직의 혁신 역량은 변화하는 조직의 내부와 외부의 상황을 이해하고 대응 능력
- 조직의 혁신 역량은 조직 내 사람들의 지식과 창조성을 활용하고 외부 관심 그룹과 협력하는 능력
- 필요한 모든 활동과 상호 관련 또는 상호 작용 요소를 시스템으로 관리하는 경우 효과적이고 효율적으로 혁신할 수 있음 (혁신경영원칙: 시스템적 접근방식)

그리고 이러한 ISO 56002 혁신경영시스템 도입시 이점은 다음과 같다.

〈표 6〉 혁신경영 시스템 도입 이점

a) 불확실성을 관리하는 능력 증대
b) 성장, 매출, 수익성 및 경쟁력 증대
c) 비용, 낭비의 감소 및 생산성, 자원 효율성의 향상
d) 지속 가능성 및 회복력 향상
e) 사용자, 고객, 시민 및 기타 관심그룹의 만족도 향상
f) 상품 및 서비스 포트폴리오의 지속적인 갱신

g) 조직 내 인력의 참여와 권한 부여
h) 파트너, 협력자 및 자금 조달을 유치할 수 있는 능력 증대
i) 조직의 평판과 가치 향상
j) 규정 및 기타 관련 요구사항 준수가 용이

출처: ISO 56002 개요 0.1 일반사항

- 혁신경영시스템 도입의 이점 중에 가장 중요한 것은 불확실성 관리 능력 증대
- 혁신경영에서 불확실성의 정의는 정보, 이해 또는 지식의 전부 또는 일부 결핍상태, 리스크는 불확실성의 영향
- 불확실성 관리는 이벤트와 실체의 결과, 가능성 또는 특성에 관한 중요한 가정을 혁신경영에서 체계적으로 해결하여 정보, 이해 및 지식을 확보함으로 관리

이러한 효과가 있는 혁신경영을 어떻게 수행해야 하는지 8개의 혁신경영 원칙을 제시하고 있다.

〈표 7〉 혁신경영 원칙

a) 가치의 실현	b) 미래지향적 지도자
c) 전략적 방향	d) 문화
e) 통찰력의 활용	f) 불확실성 관리
g) 적응성	h) 시스템 접근 방식

출처: ISO 56002 개요 0.2 혁신경영원칙

이러한 ISO 56002 혁신경영시스템을 실제 경영 현장에서 운영하기 위한 프레임워크를 다음과 같이 제시하고 있는데, 상단에 조직의 상황, 리더십 그리고 중간에 혁신 프로세스가 있고 아래 부분은 ISO 경영 시스템에 공통적으로 포함되는 부분을 의미한다. 즉 중간의 혁신프로세스에서는 다양한 혁신 프로세스를 통해서 기회 의도를 혁신가치로 완성하는 과정이며, 혁신프로세스 하단에는 기획, 운용, 성과 평가, 개선 프로세스와 지원이 있고, 또한 혁신프로세스가 지속되기 위해서 혁신조직상황, 혁신리더십, 지원이 필요함을 보여 주고 있다.

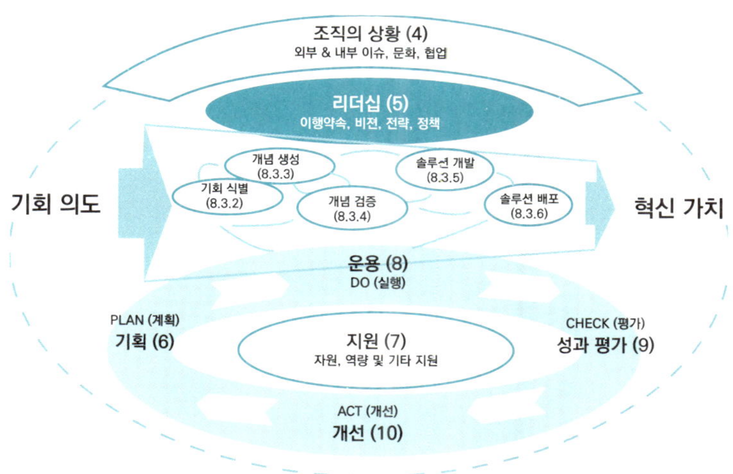

공공이나 민간의 모든 조직들이 혁신을 하기 위한 절차를 제시하고 있는데, 이는 혁신 이니셔티브에 따라 적절하게 구성해어 운영되는데 기존의 일상적인 비즈니스 프로세스와 구별 되어 (1) 선택한 프로세스의 패스트 트랙 형성, (2) 비선형적 순서, (3) 반복적, (4) 조직의 다른 프로세스 내에서 독립적으로 구현, (5) 조직의 다른 프로세스에 연결되어 운영되어야 함을 강조한다. 이러한 혁신프로세스는 연구, 제품개발, 마케팅, 파트너링, 인수합병, 협업, 지적재산권 등 조직의 다른 프로세스와 상호 작용하고 상호 연결되어 운영되어야 한다고 제안한다. 기본 절차는 다음과 같다.

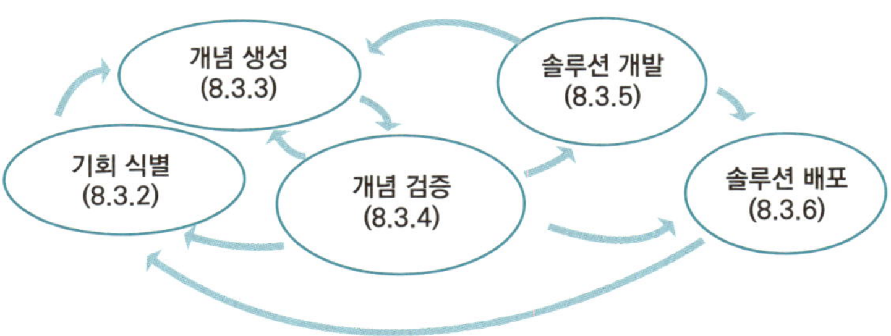

즉 조직에서 혁신경영을 위해서는 기회 식별, 개념 생성, 개념 검증, 솔루션 개발, 솔루션 배포의 5개 활동을 전개하여야 한다.

(1) 기회 식별: 기회를 식별하고 정의함, 즉 혁신의 의도가 무엇인가? 왜 혁신하려고 하는가에 대한 정리로 혁신 이니셔티브 범위이며, 이전 혁신 이니셔티브의 학습과 경험이다.

(2) 개념 생성: 새로운 개념을 생성하기 위하여 입력물로 식별되고 정의된 기회를 고려하는데, 방법은 (a) 창의적 문제해결, 아이디어 도출, 내부와 외부 소스에서 새로운 아이디어 도출, 잠재적 솔루션, 기존 아이디어 조합이 제안되고, (b) 참신성, 리스크, 타당성, 실행 가능성, 지속 가능성, 지적재산권 관련 아이디어, 잠재적 솔루션 조사, 문서화 및 평가 활동이 수반된다.

(3) 개념 검증: 개념의 유효성을 검증하기 위해 생성된 개념을 검증, 여러 가지 검증 방법, 예컨데 테스트, 실험, 파일럿, 연구 등을 거쳐서 검증한다.

(4) 솔루션 개발: 가치 실현 모델을 포함한 실무솔루션으로 개념을 개발하는데, 사용자 수용, 법적 요구사항, 확장성, 예산 및 타이밍이 고려되어야 한다.

(5) 솔루션 배포: 개발된 솔루션을 시작, 구현 또는 제공하는 활동으로 솔루션 홍보와 지원이 필요하며, 사용자, 고객,

파트너 및 관심그룹의 피드백 모니터링도 중요하다.

모든 조직은 이와같은 방법론으로 혁신을 수행하게 되는데, 이 방법론은 2013년부터 ISO에서 다양한 혁신 사례를 토대로 연구 토론되어 제안된 방법론으로 한국의 현실에 부합하는지 검증이 필요하다. 2022년 조직된 '이노베이션포럼'(회장: 강성주)을 중심으로 학습과 인식 확산, 사례연구 등이 활발하게 진행되고 있으며 이에 대한 정부지원도 필요하다고 생각한다.

대응전략 10: 법제도 개혁- 혁신적 정보사회

마지막 전략은 법제도 개혁이다. 디지털 혁신은 경제와 사회의 다양한 영역에서 새로운 기회와 가치를 창출할 수 있는 잠재력을 가지고 있다. 그러나, 기존의 법률이나 사회제도는 이러한 디지털 혁신을 저해하는 요인이 될 수 있다. 따라서, 경제나 사회의 다양한 영역에서 디지털 혁신이 활발하게 일어날 수 있도록 기존의 법률이나 사회제도를 바꾸어 나가야 한다. 법률은 정치과정을 거쳐서 AI 디지털 시대 상황에 맞게 개혁되어야 하며, 가족제도나 상거래 습관, 문화도 새롭게 제도화하여야 한다. 디지털 혁신은 기존의 법률이나 제도의 기반을 뛰어넘는 속도와 규모로 진행되고 있다. 이에 따라 기존의 법률이나 제도는 디지털 혁신에 적합하지 않은 경우가 많다.

따라서, 디지털 혁신의 특성을 고려한 법률 및 제도의 정비가 필요하다.

이러한 활동은 디지털 혁신은 종래와는 다른 특성을 가지고 있기 때문이다. 첫째로 디지털 혁신은 기존의 혁신과 비교하여 매우 빠른 속도로 진행되고 있다. 이에 따라 기존의 법률이나 제도는 디지털 혁신의 속도를 따라가지 못하는 경우가 많다. 둘째로 디지털 혁신은 기존의 혁신과 비교하여 매우 큰 규모로 진행되고 있다. 이에 따라 기존의 법률이나 제도는 디지털 혁신의 규모를 감당하지 못하는 경우가 많다. 셋째로 디지털 혁신은 일회적인 사건이 아니라 지속적으로 진행되는 과정이다. 이에 따라 기존의 법률이나 제도는 디지털 혁신의 지속성을 보장하지 못하는 경우가 많다.

기업경영이나 경제 분야에서 디지털 혁신이 활발하게 일어날 수 있도록 기존의 법률이나 사회제도를 바꾸어 나가는 방향은 다음과 같다. 첫째로 규제 혁파이다. 디지털 혁신은 기존의 산업 구조를 혁신하고 새로운 산업을 창출하는 데 기여할 수 있다. 그러나, 기존의 규제는 이러한 디지털 혁신을 저해할 수 있다. 따라서, 경제 분야에서 디지털 혁신이 활발하게 일어날 수 있도록 규제를 완화하는 방안이 필요하다. 규제샌드박스, 신속처리, 임시허가 등 다양한 방안들이 활용되어야 한다. 둘째로 신기술에 대한 지원. 디지털 혁신은 새로운 기술의 등장과 발전에 의해 주도된다. 따라서, 경제 분야에서 디지털 혁신이 활발하게 일어날 수 있도록 신기술에 대한 지원을 강화하는 방안이 필요하다. 예를 들어, 신기술에 대한 연구개발 투자를 확대하고, 신기술 기업에 대한 세제 혜택을 제공하는 등의 정책을 추진할 수 있다. 앞에서 말한 혁신경영(Innovation Management)에 대한 교육과 인센티브도 제공되어야 한다. 셋째로 앞에서도 언급했지만 전반적인 교육제도 개혁. 디지털 혁신은 새로운 기술을 활용할 수 있는 인재를 필요로 한다. 따라서, 경제 분야에서 디지털 혁신이 활발하게 일어날 수 있도록 인재 양성을 강화하는 방안이 필요하다. 예를 들어, 디지털 혁신 관련 교육을 확대하고, 디지털 혁신 인재에 대한 취업 지원을 강화하는 등의 정책을 추진할 수 있다. 넷째로 예기치 못한 피해나 불이익에 대한 보상시스템 마련. AI가 전면적으로 도입되면 90%가 넘는 일자리가 영향을 받게 되므로 재교육, 재배치를 위한 시스템이 필요하고, 각종 사고에 대한 보상보험 시스템도 준비되어야 AI디지철 혁신이 활발하게 일어날 수 있을 것이다.

일상생활 사회 분야에서 디지털 혁신이 활발하게 일어날 수 있도록 기존의 법률이나 사회제도를 바꾸어 나가야 한다. 우선 디지털 인권 보호. AI 디지털 혁신은 개인의 프라이버시, 정보 자기 결정권, 표현의 자유 등과 같은 디지털 인권에 대한 새로운 도전을 야기할 수 있다. 따라서, 사회 분야에서 디지털 혁신이 활발하게 일어날 수 있도록 디지털 인권 보호를 강화하는 방안이 필요하다. 예를 들어, 개인정보 보호법을 강화하고, 디지털 민주주의를 활성화하는 등의 정책을 추진할 수 있다. 둘째로 디지털 포용사회. 디지털 혁신은 저소득층이나 장애인, 지역, 젠더 등 디지털 소외계층을 더욱 소외시킬 수 있다. 따라서, 사회 분야에서 디지털 혁신이 활발하게 일어날 수 있도록 디지털 포용성을 강화하는 방안이 필요하다. 예를 들어, 디지털 격차 해소를 위한 교육과 지원을 확대하는 등의 정책을 추진할 수 있습니다. 셋째로 디지털 윤리 확립. 디지털 혁신은 새로운 윤리적 문제를 야기할 수 있다. 따라서, 사회 분야에서 디지털 혁신이 활발하게 일어날 수 있도록 디지털 윤리를 확립하는 방안이 필요하다. 예를 들어, 디지털 윤리에 대한 교육과 홍보를 확대하고, 디지털 윤리 관련 법률을 제정하는 등의 정책을 추진할 수 있다.

결론적으로, 경제나 사회의 다양한 영역에서 디지털 혁신이 활발하게 일어날 수 있도록 기존의 법률이나 사회제도를 바꾸어 나가기 위해서는 다음과 같은 노력이 필요하다. 디지털 혁신은 기존의 산업 구조와 사회 구조를 혁신하는 데 기여할 수 있는 잠재력을 가지고 있다. 따라서, 디지털 혁신의 특성을 고려한 법률이나 사회제도를 마련하는 것이 중요하다. 다음으로 유연성을 위한 지속적인 모니터링. 디지털 혁신은 빠르게 변화하고 있다. 따라서, 기존의 법률이나 사회제도가 디지털 혁신을 저해하지 않도록 지속적으로 모니터링하고 개선하는 것이 중요하다. 무엇보다 국민의 참여와 협력. 디지털 혁신은 국민의 참여와 협력을 통해 성공적으로 이루어질 수 있다. 따라서, 국민의 참여와 협력을 이끌어 낼 수 있는 정책을 마련하는 것이 중요하다.

5

맺는말: 시골소년의 꿈과 희망

개천에서 용나다

저는 한국경제가 아직 어려웠던 1964년 경상북도 의성에서 태어났습니다. 의성은 전형적인 농촌인데 부친이 머슴일을 해서 산 몇마지기 땅으로 농사지어 가난했다는 기억과, 검정고무신 신고 학교 갔다가 돌아오면 들에 나가서 고추 따고 모심는 농사일을 도왔던 기억이 있습니다. 제가 아침에 일찍 일어나는 습관도 시골에서 자라면서 새벽일을 해야했던 탓이 아닌가 생각됩니다. 부모님의 교육열이 높았던 덕에 고등학교는 도시에서 마쳤고(능인고), 대학에 진학해서 운좋게 고시에 합격하게 되었습니다(경북대). 1987년 대학 4학년때 고시에 합격하자 개천에서 용났다고 마을에서 잔치를 벌이고 축하해 주셨던 기억이 납니다.

민주화시대

1987년 서울로 올라와 공무원연수가 시작되었는데, 당시 정치상황은 격변하고 있었습니다. 연일 학생들의 데모가 이어졌고 최루탄으로 대학가는 몸살을 앓고 있었습니다. 결국 6.29 선언으로 민주화 열기가 한국사회를 뒤덮을 때, 저는 체신부로 배치받아 IT분야에 뛰어들었습니다. 연수가 끝나갈 무렵 체신부 오명 차관님이 부처소개시간에 다른 부처는 필경사가 손으로 쓴 차트로 소개하는데 비해 슬라이드를 가지고 앨빈 토플러의 '제3의 물결'을 소개하면서 정보화사회에 대비하자는 말씀이 인상깊었고 주저없이 체신부를 선택하게 되었습니다.

첫 번째 업무가 통신공사 민영화 업무였는데, 통신공사와

데이콤, 연구소 등에서 파견나온 직원들과 별도 전담반을 꾸려서, 이미 민영화한 영국(BT)과 일본(NTT) 등 해외사례를 연구하고, 자본금 규모, 국민주 발행방식, 특별법 초안 마련 등 실무작업을 맡았습니다. 바로 이즈음 미국으로부터 통신시장 개방압력이 거세지면서 민영화 TF는 통신시장 개방대응 TF로 전환되었고, 저는 국방의무 때문에 입대해서 강원도 철원 비무장지대(DMZ)에서 3년간 전방소대장 생활을 하게 되었습니다.

초고속망을 깔아서 IT 강국으로 발돋움하다

1992년 제대하면서 IT정책업무에 복귀했는데, 우리나라 IT산업이 종래 전자산업에서 IT산업으로 발돋움하게 되는 국책사업인 국가기간전산망사업을 맡게 되었습니다. 그중에서 국산중형컴퓨터인 타이컴 보급을 위해 삼성전자, 금성사, 현대전자, 대우통신 관계자들과 연 200대 보급목표를 정해서 공공기관과 지자체를 찾아다니면서 국산컴퓨터도 IBM 못지않은 성능을 가지고 있다라고 설득했던 기억이 새롭습니다. 아울러

SW산업 육성을 위해 당시 만연하던 불법복제를 막고자 용산 전자상가에 SW유통센터를 설치했고, 'K-DOS'라는 운영체계(OS)를 개발해서 공공기관에 보급했던 기억도 있습니다. 이러한 정부주도 IT산업 발전전략에 대해 비판적인 시각도 있지만 산업발전 초기에는 불가피한 측면이 있다고 봅니다. 예컨대 타이컴(TICOM)사업은 미국 톨러런트 컴퓨터기술을 도입하여 중형급 컴퓨터를 국산 개발하는 사업으로, ETRI를 중심으로 삼성 금성 등 4사가 개발단을 만들어서 10여년간 천억원이 넘는 정부예산과 수백명의 연구인력들이 투입되어 개발되었으나 시장에서는 결국 살아남지 못했지만 이 과정을 통하여 노하우를 배우고 엄청나게 많은 전문기술인력을 양성할 수 있었습니다. 종래 TV나 PC 같은 전자산업에서 시스템산업으로 발돋움하는 계기를 마련했다고 생각합니다. K-DOS 같은 다소 무모한 시도도 SW산업 발전에 기여한 측면이 있습니다.

이어서 맡은 업무가 정보화업무였습니다. 청와대 주도로 시작된 국가기간전산망사업 1단계 사업이 5년간 진행되어 행정이나 국방, 교육연구, 금융 등 5개 분야에서 어느 정도 성과가 나오면서, 이제는 보다 지속가능한 체제로 바뀌져야 할 때여서 체신부 중심으로 업무가 진행되게 되었습니다. 기존의 5

개 분야별로 전산화 업무가 고도화되고 있었고, 새로이 의료복지나 문화, 산업, 물류유통과 같은 분야도 IT를 활용한 혁신이 요청되었습니다. 제가 맡은 역할은 5개분야 외에 IT를 도입해서 혁신이 필요한 분야를 발굴하고 해당분야 주무부처와 손잡고 이를 풀어나가는 일이었습니다.

이렇게 사회 각 분야별로 전산화 시도가 활발해지면서 자연스럽게 새로운 통신네트워크가 요구되었습니다. 1884년 전화기 발명 이후 100년간은 개인 간 전화통화를 위한 네트워크 인프라면 충분했지만, 이제는 디지털 기술발전으로 음성통신 외에 데이터통신도 활발하게 일어나서 네트워크 과부하가 큰 숙제로 떠오른 것입니다. 1984년 프랑스에서 미니텔이 등장했고, 한국도 데이콤이 설립되어 하이텔, 천리안, 나우누리 같은 데이터통신이 폭발적으로 증가하면서 새로운 네트워크 인프라가 필요하게 된 것입니다. 결정적 계기가 된 것은 미국의 클린턴-고어 정부가 주장한 '정보고속도로(NII 또는 Information Superhighway) 구상'이었고, 백악관의 전문가를 불러서 워크숍을 열었고, 노무라 같은 조사기관의 의견을 들어 드디어 '초고속정보통신망 구축사업'이 착수되게 되었습니다. 20년간 45조원이라는 엄청난 돈을 투자해서 모든 국민이 T1수준 즉 1.544Mbps 이상의 속도로 통신서비스를 이용할 수 있는 새로운 네트워크 인프라를 구축하자는 야심찬 계획으로 범부처 차원의 TF를 만들어 기획하였고, 저도 총괄반에 참여하여 경제성분석과 투자계획, 서비스, 홍보 등의 역할을 수행하였습니다. 이 초고속망사업은 IT기술이 종래 아날로그에서 디지털로 패러다임이 바뀌는 글로벌 트렌드에 부합한 적절한 시도로 한국 IT가 일본을 제치고 강국으로 발돋움하는 결정적 계기를 마련하였다고 평가받고 있습니다. 때마침 등장한 인터넷도 효과적으로 서비스할 수 있는 인프라를 세계 최초로 구축하여 가히 새로운 문명을 만드는 징검다리를 놓은 것입니다.

이러한 과정에서 문제가 생기기 시작했습니다. 뭔고하니 각 부처는 이제 IT의 중요성을 깨닫고 전담조직(예, '전산담당관')을 만들어서 업무를 발굴하여 예산을 확보하고 법제도도 정비하려고 하는데, 우편을 담당하는 체신부가 조정역할을 하려고 한다니 못마땅한 부분이 있었을 겁니다. 종합물류망사업, 의료보험EDI, GIS사업, 도서관전산화 등등이 기억납니다.

거위의 꿈, '정보통신부'가 생기다

'제3의 물결'에서 정보화사회의 모범사례로 한국이 소개되고, 기술변화로 종래 전화 중심에서 컴퓨터시대로 옮겨가면서 각 부처는 경쟁적으로 IT를 도입하여 혁신을 도모하려는 움직임이 일어났습니다. 이렇게 되자 정부 내에서 주도권 다툼이 일어나게 되었는데, 전산망사업을 주도해온 체신부와, 전자산업을 담당한 상공부, 그리고 전산의 핵심인 SW를 담당하던 과학기술처 사이에 사사건건 충돌이 일어났습니다. 예산을 주무르고 있던 경제기획원도 IT분야가 범정부적이고 예산이 급속도로 증가하자 주무부처임을 공공연히 주장하게 되었습니다. 또한 총무처와도 사사건건 부딪치는 일이 많았습니다. 행정전산화 주무부처로 각 부처의 '행정'전산화를 총괄했는데, '행정'의 범위를 정부 내 사무자동화 수준이면 업무중복으로 인한 충돌문제가 없겠지만, 각 부처가 하는 모든 업무를 행정으로 볼 경우 체신부가 맡은 국가사회 정보화와 충돌문제가 생기기 때문입니다. 이 문제는 '전자정부'의 범위와 '국가사회 정보화' 범위를 놓고 현재까지 갈등이 지속되고 있습니다.

이렇게 IT정책의 주도권문제로 갈등이 일어나고 있을 때, 1994년 김영삼 대통령이 호주 APEC회의 참석후 김포공항에서 '세계화선언'을 하면서 이를 위한 정부조직 개편의 일환으로 '정보통신부'를 신설하겠다는 발표를 하게 됩니다. 이로써 부처별로 사활을 걸고 격렬하게 다퉜던 갈등이 마무리되었고, 이를 위해 저는 '정보화촉진기본법' 제정을 위한 전담반을 꾸려서 용인에 있는 콘도에서 일주일간 비밀합숙작업을 하게 되었습니다. 종래 상공부와 과기처로 흩어진 IT산업 관련기능을 통합하여 IT정책의 컨트롤타워를 새로 만들어 각 부처를 이끄는 리더쉽 역할을 하게 하고, 무엇보다 정책수행에 소요되는 예산을 안정적으로 확보하기 위하여 KT 민영화 자금을 일반회계로 넘겨주지 않고 초고속망 사업 같은 IT발전을 위한 특별기금을 만들어서 활용토록 하는 내용을 담았습니다. 이듬해인 1995년 정보통신부가 발족하였고 정보화촉진기본법은 정통부의 IT정책을 뒷받침하는 법률로 시행되게 되었습니다. 이때부터 정보통신부는 IT정책의 총괄부처로서 국가차원의 IT전략을 만들고, 각 부처의 정책조정을 위해 정보화추진위원회를 운영하고, IT정책에 소요되는 재원을 충당코자 정보화촉진기금을 운영하고 있습니다. 저는 이렇게 우리나라 IT정책을 총괄하는 법률을 제정하는 업무를 담당한 것에 대하여 큰 보람으로 생각하고 있습니다. 이 법률에 따라 지난 20년이 넘는 기간 동안 IT정책이 추진되었고 우리나라가 IT강국으로 발돋움할 수 있었다고 생각합니다.

그렇지만 글로벌 경제위기의 그림자가 한국을 덮치면서 적정수준의 외환을 준비 못한 탓에 IMF 긴급구조자금을 수혈받는 외환위기 상황이 초래되고 말았습니다. 김대중 정부가 새로 출범하여 전반적인 긴축여건 속에서도 초고속망사업이나 IT투자는 순조롭게 진행되었습니다.

미국과 OECD에서 세계를 배우다

새로 생긴 정보통신부에서 정보화정책을 총괄하다보니 밤낮을 가릴 수가 없었는데 공무원이면 한번은 가야 할 해외유학을 가지 못해서, 늦었지만 1999년에 험프리프로그램으로 미국으로 유학을 가게 되었습니다. 미국 동부에 있는 펜실베니아주립대와 뉴욕주에 있는 시라큐스 대학에서 4년간 공부하였는데, 틈틈이 IT정책을 담당하는 미국 연방정부 기관과 세계은행(World Bank)를 방문하여 네트워킹을 하기도 하였습니다. 미국에서도 밤늦게까지 공부에 전념해서 골프를 배우지 못했고, 학비도 부족해서 끼니걱정까지 하게 해서 가족들에게도 미안하게 생각하고 있습니다. 덕분에 논문경연대회에서 수상해서 상금 1,000달러를 받기도 했고, 미국행정학회(ASPA)에서 발표하여 많은 미국학자들을 알게 되었고, 영어실력도 누구 못지않게 쌓을 수 있었습니다.

유학가기 직전에 경상북도청에서 IT자문관으로 잠시 일했는데, 당시 이의근 도지사님께 지방정부 혁신을 위해 IT를 적극 도입하자고 건의드리고 경주 비엔날레 전자예약시스템 도입 등 시범사업을 추진하였고, 지역경제 활성화를 위해 구미나 포항을 중심으로 IT산업 허브를 구축하자고 지역전문가들과 열띤 토론을 했던 기억이 새롭습니다.

월드컵이 열렸던 2002년 유학에서 돌아왔고, 2003년에는 노무현대통령이 당선되면서 진대제 장관이 새로 정보통신부를 맡게 되었습니다. 흔히 알려진 'IT839 전략'이 추진되었는데, 8개의 새로운 서비스를 3개의 새로운 플랫폼을 구축해서 제공하고, 이에 필요한 9개 핵심 부품을 육성해서 국민소득 2만불시대를 열어나가자는 것인데, 저는 행정관리와 동향분석관을 맡아 이를 뒷받침하는 역할을 수행했습니다. 한가지 지금도 잊지 못하는 것은 매년 초 각 부서에서 장관께 하는 업무보고를 연극으로 한 것입니다. 딱딱한 정부조직에서 업무보고를 보고서가 아니라 연극으로 하려니 각 실국의 반발이 엄청 심했으나 강행했고, 결과적으로 각 부서에서도 잊지 못할 업무보고 행사가 되었습니다.

잠시 정부혁신위원회에 파견나가서 전자정부 정책조정을 맡았었는데, 정부의 모든 전산자원을 통합하는 통합전산센터 사업을 맡게 되었습니다. 이때 부처간에 갈등이 있었는데, 경찰이나 검찰, 국세청 등 기관은 전산자원을 통합하지 않으려고 반발하였으나 설득하고 또 설득해서 통합키로 하였고, 또한 센터 총괄관리업무를 행정자치부와 정보통신부가 서로 맡고자 하였으나 결국 뷰티콘테스트방식 즉 센터 운영계획을 제출받아 혁신위원들이 평가해서 결정하는 방식으로 정보통신부가 맡게 된 기억이 있습니다.

이즈음 IT기술은 새로운 변화를 맞게 되었습니다. 즉 유선에서 무선으로 옮겨가고 있어 광대역망(BcN) 사업으로는 부족하여 '유비쿼터스 코리아' 정책이 시작된 것입니다. 정보화총괄과장으로 이 계획을 만들고, u전자정부, u헬스, u교육, u국방 등 다양한 모바일사업을 조정하는 역할을 수행하였습니다.

이때 청와대 파견근무를 하게 되었습니다. 공무원 입장에서 청와대 근무는 시야를 넓힐 수 있는 좋은 기회가 되었기에 대통령 비서실에서 행정관으로 유비쿼터스정책을 종합조정하고 디지털 콘텐츠, IT연구개발 등 업무를 담당하게 되었습니다. 다양한 부처나 기관에서 파견된 행정관, 비서관들과 교류하는 기회를 가진 귀중한 경험이었습니다.

이후 이명박 정부에서 정보통신부가 없어지면서 행정안전부로 가서 공무원 교육훈련과 재난관리 업무를 맡게 되었습니다. 특히 재난업무는 처음 맡는 업무라 애로가 많았는데, 재난관리기본계획과 법령정비 같은 정책업무, 안전도시 선정사업, 태백시 가뭄이나 산불, 신종플루 같은 다양한 재난관리업무를 총괄해야 했기 때문이며, 재난통신망사업은 별도 TF를 구성해서 경찰과 소방 공동으로 진행토록 했는데, 나중에 세월호사건이 발생하여 이 인연이 다시 부메랑으로 돌아오게 됩니다.

개인정보보호법 제정도 잊지 못할 기억입니다. 정보화사회가 진전되면서 개인정보보호가 화두로 떠올랐으나 10여년째 공론화만 되고 입법화되지 못하고 있었는데, 시민단체와 학자, 전문가들로 TF를 조직해서 법률안을 마련하고 정부내 토론과 국회 심의과정을 거쳐서 결국 법률로 제정하게 되었습니다. EU의 8대 프라이버시 원칙을 많이 참조하여 개인의 권리신장에 기여한 점이 있지만, 최근 인공지능(AI) 기술발전의 장애가 되는 점은 아쉽게 생각하고 있습니다.

2011년 파리에 있는 OECD대표부로 옮겨가서 근무하게 되었습니다. 언젠가 한번 선진국 공무원들이 어떻게 일하는지 한번 경험해 보고 싶다는 생각을 하고 있었는데, OECD가 바로 그 기회였습니다. OECD는 세계의 씽크탱크('Global Policy Thinktank')라는 말 그대로 35개 선진국의 엘리트 공무원들이 다양한 정책 아젠다를 토론하는 조직으로 2년 남짓 많은 것으로 보고 배우는 좋은 기회가 되었고, 후배공무원들에게도 반드시 OECD회의에 참석하여 서로 토론하여 글로벌질서 형성에 기여할 것을 주문했습니다. 제가 맡은 분야는 공공

관리(Pulic Governance) 분야였는데, 정부혁신, 공무원제도, 청렴성, 법치주의, 지역발전 등이 주요한 주제였고, 부위원장에 선출되어 직접 회의를 주재하기도 하고, 오렌지혁명으로 아랍국가들의 재건사업을 지원했던 기억이 납니다. '한눈에 보는 정부(Government At A Glance)' 보고서 작업반에 참여하여 35개 회원국 정부의 정책성과를 객관적으로 평가하는 기회를 가졌는데, 한국정부가 정부신뢰도나 법치주의 측면에서는 낮게 평가되었지만 경제정책이나 교육, IT분야는 좋은 평가를 받은 것으로 생각됩니다. OECD는 2008년 글로벌 경제위기를 제대로 예측하지 못했다는 따가운 지적을 받으면서 2012년에 종래의 케인스 경제이론의 한계를 극복하기 위한 '신경제이론(New Approach to Economic Challenges)'이 필요하다고 주장하면서 IMF, World Bank와 같이 대토론회를 개최하였는데, 본인도 정부역할의 한계와 새로운 혁신이 필요함을 강조하면서 참여하기도 하였습니다. 이 활동은 하버드나 옥스퍼드 등 많은 학자들이 참여하여 지금까지도 참여가 계속되고 있습니다.

제4차 산업혁명을 맞이하다

2013년 OECD에서 돌아와서 융합정책을 맡게 되었습니다. IT는 휴대폰이나 반도체처럼 그 자체도 일자리를 만들고 수출에 기여하여 국민경제를 먹여살리는 중요한 기간산업이기도 하지만, 또한 금융이나 유통, 의료, 농업, 제조업, 건설, 국방 등 다양한 분야에서 종래의 한계를 뛰어넘는 혁신의 불쏘시개 역할을 하기도 합니다. 이렇게 IT가 타분야에 적용되어 혁신이 일어나도록 하는 융합정책을 수행하기 위해 'ICT융합특별법'을 제정하여 신속처리, 임시허가제를 도입하고 융합전략계획을 만들고 정책을 조정하는 역할을 맡게 되었습니다. 제조업의 뿌리인 시화공단에 가서 주물공장을 대상으로 스마트공장 시범사업을 하였고, 여름철 해파리 제거를 위한 해파리 제거로봇, 자율주행자동차 시범사업 등을 추진하였습니다.

스마트기술이 급속하게 보급되면서 사물인터넷(IoT)과 빅데이터가 부각되었는데, 별도의 IoT망을 구축해서 다양한 활용사례를 만들고, 빅데이터는 하둡과 같은 엔진 기술개발, 인재 양성, 정보공개를 추진하였는데, 서울시 올빼미버스를 도입하고, 국가적 위기였던 메르스사태 때 삼성병원의 슈퍼보균자를 찾아내는 기적같은 일을 하는 경험도 했습니다. 이후 사이버안전정책을 수행할 때는 Active-X의 위험요인인 공인전자서명제도의 불편함을 없애기 위해 과거 내손으로 기획했던 공인전자서명법 폐지를 맡기도 했고, 통신사업자의 대규모 개인정보유출사고 조사를 위해 대치동에 있던 데이터센터를 방문하여 교회와 실내수영장이 함께 있는 건물에 허술하게 관리되고 있던 광경에 경악하기도 했습니다.

이렇게 전세계에서 스마트기술을 활용한 새로운 서비스가 폭발적으로 등장하자 2016년 다보스포럼에서 '제4차 산업혁명(4th Industrial Revolution)'이라는 개념이 소개되었습니다. 수년간 대륙들을 돌아다니면서 많은 기술자와 사업가들을 만나고 토론한 결과 최근에 일어나고 있는 현상은 종래와는 다른 새로운 산업혁명이라는 결론을 내리게 된 것입니다. 우리나라도 IT강국답게 발빠르게 대응하였는데, 지능정보기술(AI)을 개발하고, 혁명의 재료가 되는 빅데이터를 활성화하고, 다양한 시범서비스를 발굴하여 추진하는 것이 그것입니다.

대기업 우정사업본부를 경영하다

그렇게 4차 산업혁명 정책을 수행하다가 2017년 11월 우정사업본부장에 임명되었습니다. 뿌리를 보면 100년 전 우정사업과 IT는 같은 조직에서 함께 있다가 IT가 분리되어 나왔기에 중앙부처에서 IT정책업무를 수행하면서도 안동우체국장이나 경북우정청장 등 경험을 바탕으로 현장에서 사업경영을 맡게 되었습니다. 100년이 넘는 오랜 전통이 있는 우정사업은 IT기술이 발전하면서 구조적으로 우편물량이 급속도로 줄어들어 만성적인 적자를 면치 못하고 있었는데, 이를 혁신하여 지속가능한 사업구조로 변신하기 위한 노력을 기울였습니다.

오랫동안 국민들의 사랑을 받아왔기에 신뢰를 바탕으로 미래를 준비하자는 뜻에서 '믿음과 함께 미래로 나아가는 우정'을 비전으로 해서, 편지업무와 택배업무를 효율화하기 위한 우편물류분야부터 혁신을 추진하였습니다. 우리나라 2,000만 가구를 매일 방문하시는 집배원이 아침에 출근해서 저녁까지 무슨 업무를 하는지 세밀하게 분석하고, 문제되는 부분을 고치는 노력을 수행했습니다. 이는 본인이 직접 오토바이를 타고 현장에서 토론하고 관찰한 경험을 바탕으로 핵심 10대 과제를 중점적으로 풀어 나갔습니다. 노사가 공동으로 구성한 기획단의 연구결과를 수용해서 무엇보다 우선한 것이 집배원 증원이었는데, 2018년에 1,112명을 충원하여 현장의 어려움을 해소하는 데 많은 노력을 기울였습니다. 농어촌지역은 인력이 남아서 합리화가 필요하지만 신도시 지역은 일손이 부족한 불균형문제를 풀기 위한 해법에 머리를 싸맸습니다. 특히 인력이 부족한 화성 동탄지역은 우체국을 새로 신설하기도 했습니다. 업무부담이 큰 소포택배는 수익에 기여하는 측면이 있어 계륵과 같은 존재인데, 폐지하자는 주장부터 활성화해야

한다는 다양한 목소리를 들었고, 완전폐지는 어렵지만 적정수준으로 유지하자는 결론을 내리고 전문화·합리화를 위한 대책을 강구하였습니다.

4차 산업혁명의 불길은 우편물류분야가 예외일 수 없습니다. 오히려 적극적으로 수용해서 문제를 풀어나가야 지속가능할 수 있다고 생각해서 빅데이터센터를 설치해서 물류흐름을 분석하고, 블록체인 기술도 몇가지 시범사업을 실시해서 역량을 차곡차곡 쌓는 노력을 기울였습니다.

우체국 금융은 예금과 보험을 합쳐 130조원이 넘는 자산규모를 가졌으나 국영인 탓에 수익성보다는 안정적 운영에 중점을 두고, 국민금융으로서 역할을 충실히 하는 수수로 면제나 사회적 약자를 위한 보험개발을 추진하였습니다.

이러한 다양한 사업을 경영하면서 노동조합과는 항상 상생의 자세로 대화와 소통 노력을 기울였지만, 집배원 증원을 둘러싼 협상이 진척을 보지 못하는 와중에 사망사고가 이어지면서 결국은 파업이라는 135년 우정사업 역사에 초유의 일이 터지게 되

었습니다. 경영자로서 파업이라는 혼란을 막기 위해 관계부처와 협의하여 다각적인 노력을 기울였고, 파업 직전에 타결은 이뤘지만 그 책임을 통감하고 본부장 직을 물러나게 되었습니다. 이러한 우여곡절을 토대로 우정사업이 보다 지속가능한 상황으로 변신하길 바랍니다.

디지털 혁신가: 기업과 대학, 비영리조직

우정본부장을 끝으로 공직을 퇴임하고 IoT협회에서 기업가들과 디지털 혁신을 위한 비즈니스모델을 고민했습니다. 대기업과 중소기업, 스타트업들과 씨름하던 추억이 새롭습니다.

이후 세종대학에서 초빙교수를 뽑는다는 공고를 보고 응시하였는데 합격하여 지금에 이르고 있습니다. 강의도 하고 연구도 하면서 과연 우리나라가 AI 디지털이라는 새로운 기회를 어떻게 활용하여야 불확실성이 가득한 경제를 회복하고 포용사회를 이룰 수 있을까 고민하고 있습니다.

이러한 고민을 하던 차에 대구디지털진흥원과 서울시 디지털재단, 인천스마트시티 같은 디지털 혁신조직이 함께하자는 요청을 해와서 열심히 디지털 혁신활동을 하고 있습니다. 또한 스마트제조 분야 전문가들과 연구조합을 조직하여 독일 Industry 4.0을 수행하는 프라운호퍼, 지멘스 등과 공동기술개발 사업을 하고 있고, 우연히 혁신경영(Innovation Management) 전문가들과 인연이 되어 포럼 회장을 맡고 있기도 합니다.

에필로그: 징검다리를 놓아야 한다

힘들었지만 좋았습니다! 32년간 IT정책을 담당하면서 아쉬움과 논물이 있었지만 기쁨과 보람도 많았습니다. 무엇보다 신명을 바쳐 일했기에 후회는 없습니다. 낮이든 밤이든 가리지 않고 일이 있으면 출근해서 문제를 풀기 위해 힘썼고 운이 좋았는지 대체로 문제는 풀려졌습니다. 훌륭하신 선배님들께서 질책과 지원을 해주신 덕분입니다. 아울러 많은 기술자와 연구자들과 밤을 새워가면서 치열하게 토론하고 격론을 벌였습니다. 행정학이나 경영학, 경제학, 전자공학, 컴퓨터 분야 교수님들과 끊임없는 교류를 통하여 가르침을 받았습니다. 무엇보다 기업들과는 실무자나 경영층, 중소기업, 창업기업 막론하고 수시로 만나서 문제를 발견하고 해답을 함께 고민하고 풀었습니다. 예산당국과 조직실, 청와대, 국회와 설명하고 설득하는 노력을 기울였고, 언론은 비판하고 평가하는 역할을 매섭게 해주셨습니다. 해외로 나가서 언어도 배웠지만 OECD나 UN, World Bank 등과는 서로 배우고 협력하는 활동을 했습니다. 미국이나 일본, 중국 같은 동맹국이나 유럽이나 아시아, 아메리카 국가들과도 교류하면서 IT강국을 만들기 위해 발로 뛰었습니다.

운이 좋았습니다. 전쟁의 잿더미에서 먹고 살기 위해 경제개발에 몰두할 수밖에 없었던 시대를 벗어나, 경제가 한 단계 성숙해야 하는 시기에 징검다리 역할을 부여받았기 때문입니다. 1987년 제가 공무원을 시작하던 그해 세종문화회관에서 전화 1,000만대 보급 기념행사가 열렸습니다. 전화 한 대 설치하려면 설비비 외에 채권까지 사야 했었는데, 이제는 신청만 하면 설치되는 전화적체문제가 해소된 것입니다. 한국경제도 노동집약적인 고도성장기를 넘어서 질적으로 도약해야 하는 시기에 들어섰고, 종래 성장동력이던 굴뚝산업들이 고도화에 들어가던 시기에 봉착했습니다. 흔히 말하는 전산화·정보화를 통하여 경제 전반에 걸쳐 구조가 고도화되고, 사회도 PC통신이나 인터넷이 보급되면서 일상생활이 아날로그에서 디지털로 바뀌어가고 있었습니다. 정부활동도 종이 중심에서 컴퓨터가 본격 활용되면서 전자결재나 전자정부가 본격적으로 활성화되었습니다. 이러한 변화의 시기에 체신부를 거쳐 정보통신부, 행정안전부, 과학기술정보통신부 등을 거치면서 정책 현장에서 다양한 부처, 다양한 사람들과 부딪치면서 정보사회에 적응하기 위해 몸부림치면서 디딤돌을 놓는 기회를 가진 것은 역사의 흐름이기는 하지만 제게는 행운이었다고 생각합니다.

기뻤습니다. 사회 각 분야가 디지털화하면서 종래 당연했다고 믿었던 문제들이 합리적으로 고쳐지는 것을 볼 때 나름 보람을 느꼈습니다. 전산망사업으로 종이가 사라지고 전산화되면서 전국 어디서나 주민등록 등초본을 뗄 수 있게 되자 관공서나 공공기관에 제출해야 하는 첨부서류가 사라지게 되었습니다. 학교에서는 컴퓨터교실에서 아이들이 컴퓨터를 배우고, 우체국에서는 어르신들이 컴퓨터를 배우면서 새로운 세상을 경험하게 되었습니다. 기업들도 월급을 봉투에 담아서 주던 시대에서 온라인통장으로 이체하게 되고, 재무관리도 투명하게 바뀌게 되었습니다. 전국 어디서나 돈을 찾거나 보낼 수 있게 되었고, 세금이나 관리비, 학비 등도 이체하게 되

어 은행도 좋고 국민들도 편리하게 일상을 보낼수 있게 되었습니다. 경제와 사회 각 분야에 만연하던 급행료

(transaction cost) 문화가 사라지고 대신 투명하고 공정한 사회로 변화하게 된 것입니다. 여전히 인연을 중시하는 온정주의 관행이 남아있기는 하지만 문화가 바뀌는 계기를 IT가 만들었고 합리적인 사회로 발전하고 있는 것을 보면 뿌듯함을 느낍니다. 전통사회에서 근대사회로 옮겨가는 징검다리 역할을 하지 않았나 하는 생각을 합니다.

감사합니다. 지금까지 이렇게 일할 수 있도록 옆에서 날카로운 비판과 채찍을 들어 주신 선배님들을 잊지 못합니다. 장차관님들과 실국장님들 동료들께 항상 감사하게 생각하고 있습니다. 언론과 정치권도 매서운 지적을 아끼지 않고 질책해주셔서 긴장의 끈을 놓지 않았습니다. 국민의 눈으로 경제와 사회를 보면서 지적을 해주셔서 더욱 분발하게 되었습니다. 무엇보다 동료들과 친구들에게 고맙다고 해야 합니다. 일에

지쳐 힘들 때 옆에서 격려해주고 막걸리 사발을 같이 들던 친구들, 산이나 테니스 코트에서 스트레스를 같이 풀어주던 그 훈훈한 동료친구들에게 감사해야 합니다.

그러나 아직 가야 할 길이 남아 있습니다. AI와 디지털이 변화와 혁신을 일으켜서 우리 사회가 바뀌고 있습니다만, 여전히 기존 법제도와 문화와 충돌현상을 봅니다. '80년대 말 PC통신 등장, '90년대 인터넷 폭발, 2000년대 스마트폰, 2022년 AI 등장으로 새로운 문화에 적응한 조직이나 지역과 그렇지 못한 집단 간에 갈등은 큰 숙제로 남아 있습니다. 사회적으로는 젊은 계층과 부모세대들 간에 세대차이를 넘어 소통의 차이가 사회불안으로 언제든 폭발할 휘발성을 가지고 있습니다. 경제분야에서는 온라인과 오프라인 간 비즈모델의 차이는 특히 대기업과 중소기업 간 승자독식 현상이 나타나면서 가뜩이나 심한 격차를 더욱 벌여놓고 있습니다. 이러한 기존 질서하에서 적응의 차이로 인한 갈등 외에 새로운 충돌을 매일 경험하고 있기도 합니다. 즉 새로운 AI 디지털문화의 등장입니다. 코로나 때문이기도 하지만 이제 장보기는 시장에 가는 것이 아닌 온라인쇼핑이 일상화되고 있고, 인터넷강의는 학교현장뿐 아니라 수험생이나 직장교육에서 다양하게 나타나고 있습니다. 스마트문화가 일상을 바꾸고 전혀 다른 가치를 보여 주고 있습니다. 기존 질서를 바탕으로 하는 법제도는 항상 혁신에 뒤처지기 마련이지만 이를 바꾸기 위한 사회적 비용은 갈수록 커지고 있습니다. 택시사업관련 자동차운수사업법, 인터넷은행관련 은행법, 원격의료관련 의료법, 중소기업 보호관련 공정거래법, 디지털방송관련 방송법, 택배물류관련 화물운수사업법 등등 기존질서와 충돌을 해결하기 위한 이슈는 끊이지 않고 있습니다. 이에 더해서 인공지능(AI)이나 블록체인, 자율자동차, 드론, 사물인터넷(IoT), 로봇 등 새로운 혁신기술이 등장하면서 이를 진흥하거나 거꾸로 예기치 못한 역기능을 막기 위한 법제도도 필요하다는 요구가 분출하고 있음을 봅니다. 사람이 유한한 것처럼 한 사회나 공동체 또는 조직이 영원무궁 존재할 수는 없지만 이러한 변화에 어떻게 적응하는가에 따라 흥망성쇠가 엇갈림을 우리는 역사를 통해 봐왔습니다. 서울과 수도권은 기술과 인재의 블랙홀이 되고 있는데 지방은 그렇지 못해 경제적·사회적 격차는 커지고 있습니다. 21세기 대한민국이 지금까지의 성공을 계속 이어갈 것인가 또는 변화에 적응하지 못하고 미국이나 중국에 끌려다니다가 결국 구한말 우리 역사처럼 파국을 맞을 것인가 우려가

큽니다. 도도히 역사는 흘러가지만 그 흐름 속에서 변화와 혁신의 동력을 이해하고 이에 적응하는 노력을 경주하여 적응하고 과거를 벗어나 새로운 기회를 끊임없이 만들어 나갈 때 우리는 생존발전할 수 있을 것입니다. 대한민국의 청년들이 이 땅에서 교육받고 경험한 것을 바탕으로 세계로 나가서 혁신의 불쏘시개 역할을 한다면 우리에게는 희망이 있을 것으로 생각합니다. 늘 깨어있고 미래를 직시하고 대응해 나갈 때 기회는 문을 열것으로 생각합니다. 지난 32년간 짧지 않은 기간 동안 변화의 한복판에 뛰어들어 고민하고 토론하고 답을 찾고자 고민해 왔습니다. 늘 멈추지 않고 달려왔는데 아직도 징검다리를 놓아야 할 일이 태산 같다는 고민에 빠지게 됩니다. 하지만 문제는 답을 잉태하고 있고 우리는 그 길을 만들어 왔기에 희망의 끈을 놓고 싶지 않습니다. AI 디지털로 새로운 역사의 징검다리를 놓아야 합니다.

강성주 (姜 聲 珠)

(현) 세종대 초빙교수
스마트제조연구조합 이사장
이노베이션포럼 회장
대구디지털혁신진흥원 선임이사
서울디지털재단 자문위원
인천스마트시티(주) 선임이사

(전) 윤석열후보 IT추진본부 상임부본부장
지능형사물인터넷협회 상근부회장
우정사업본부장
새누리당 수석전문위원
청와대 행정관
주OECD대표부 공사참사관
과학기술정보통신부 국장/과장
행정안전부 국장/과장

(학력) 미국 펜실베니아주립대 박사과정 수료
미국 시라큐스대학 석사 졸업
경북대학교 졸업(행정학사)
대구 능인고 졸업

(기타) '64년 경북 의성 출생; 육군 중위 복무('89-'92)

AI 디지털 국가전략

- 한국경제 어디로 가야하나 : IT정책가의 꿈과 희망

발행일 2024년 1월 8일

지은이 강성주

펴낸이 이구만

펴낸곳 유원북스 도서출판

04091 서울특별시 마포구 토정로 222, 416호

(신수동, 한국출판콘텐츠센터)

Tel (02)593-1800 Fax (02)6455-1809

출판등록 2011.9.6. 제25100-2012-3호

www.uwonbooks.com uwbooks@daum.net

편 집 전충영

조 판 남동우

인 쇄 (주)삼신문화사

제 본 (주)우성제본

ISBN 979-11-6288-189-7 (03300)

정가 17,000원